Jerzuí Tomaz

Trilhamentos do Feminino

Companhia de Freud

Para João, Raíssa e Sofia, meus doces enigmas.

Editoração Eletrônica
FA - Editoração Eletrônica

Revisão
Sandra Regina Felgueiras

Editores Responsáveis
José Nazar
Luiz Roberto Klaczko

FICHA CATALOGRÁFICA

T655t

Tomaz, Jerzui.
Trilhamentos do feminino / Jerzui Tomaz. – Rio de Janeiro : Companhia de Freud, 2001.

116 p. ; 23 cm

ISBN 85-85717-51-3

1. Psicanálise e literatura. I. Título.

CDD - 801.92

Companhia de Freud editora

Endereço para Correspondência
Rua Visconde de Pirajá, 577 - Salas 306-307
Cep 22410-003 - Ipanema - Rio de Janeiro
Tel.: (21) 540-7954 – Telefax: (21) 239-9492
email: tereza@ism.com.br

Agradecimentos

A Lincoln Villas Boas, mestre e amigo, a quem devo mais do que é possível expressar;

e

A todos/as aqueles/as que, de uma forma ou de outra, contribuíram para a concretização desta escritura.

SUMÁRIO

Trilhamentos do Feminino

APRESENTAÇÃO

O que é o ideal feminino? Ou o "eterno feminino"?

Em Psicanálise, a partir da teoria lacaniana, não há discurso possível sobre *A* mulher, entendida como este ideal feminino. A razão é que um discurso só se sustenta na ordem fálica. Ora, este discurso contém, precisamente, a interdição de falar sobre o que excede a dimensão do gozo fálico. E é neste excesso que se situa *A* mulher, em relação a seu Outro gozo. Gozo Outro que define a polaridade feminina.

Encontramos algo no campo da literatura que aborda de outro modo esta formalização da Psicanálise. Trata-se de um tal de François Poulain de la Barre que, em 1673, escreve um livro intitulado *Sobre a igualdade dos dois sexos*. Aí argumenta que as mulheres são capazes de fazer tudo que os homens fazem, e ainda há algo em que elas lhes são superiores, a saber, na tecelagem. Na tecelagem, de fato, é necessário mais inteligência, mais sensibilidade, mais destreza, mais tato do que é preciso para aplicar uma equação matemática à ordem cósmica. Este saber particular das mulheres é quase intransmissível, conclui o autor. Quem sabe, sabe, mas ninguém pode ensiná-lo.

Trilhamentos do Feminino revela em ato este saber particular na urdidura entre Literatura e Psicanálise. Manejando o fino fio das proposições psicanalíticas e entrelaçando-o com o sutil enredo cardosiano, o feminino é abordado na trama de Nina construindo sucessivos pontos de estofo, "sem cessar de não se inscrever". Nina é este lugar, que define uma topologia, onde o feminino se oculta e se revela provocando um verdadeiro ponto de acumulação de uma multiplicidade de significantes, através dos quais ela se faz passar pelo que não é, a fim de preservar o que acredita ser. Verdadeira mostração do "eterno feminino", impossível de ser dito no universal de *A* mulher. "Dona Nina escapava sempre a qualquer conjectura, do mesmo modo como em sua presença jamais se encontrava o que fosse firme e francamente delineado".

A tessitura construída por Jerzuí Tomaz, em filigranas, conduz-nos a entrever o que excede o gozo fálico, este eterno, misterioso e provocante feminino. Para podermos saboreá-lo de um outro "Lugar Outro", basta seguir e caminhar pelos *Trilhamentos do Feminino*.

Ivan Corrêa

INTRODUÇÃO

O ato de escrita, esta experiência que dilacera, surge de uma absoluta necessidade, uma vez que, para executá-lo, é necessário alcançar uma espécie de vazio em relação ao que já existe.

É lícito afirmar que não é mais possível inocência diante da obra de arte, inexistindo ingenuidade na interpretação de um texto ficcional. O sujeito que empreende a análise é incapaz de se desvencilhar dos ecos, fantasmas e espelhamentos que permeiam a leitura. A produção literária representa o grande palco onde a multiplicidade de egos de quem sobre ela se debruça pode ser posta em cena.

No/a leitor/a que se confronta com traços de escritura ocorre algo do estatuto de um impacto, denunciando a dimensão irruptiva da leitura/interpretação. Ler é defrontar-se com fragmentos textuais que descentram os sistemas de referência do indivíduo, gerando rupturas e descontinuidades. Neste processo, ocorre toda uma oscilação entre posicionamentos ativo e passivo. O lugar do sujeito no campo da escritura assume, deste modo, a função de intérprete e interpretado.

Vale enfatizar que é no entrelaçamento do desejo incerto daquele que escreve com o desejo arriscado do/a possível leitor/a que se delimita o espaço da interpretação textual. Trabalho de análise infinita, sempre recomeçado e retomado, pois incide sobre a polissemia da palavra.

No manejo da relação com o texto – o que provoca identificações e mobiliza investimentos afetivos – pode o/a crítico/a lançar um olhar particular e produzir o "novo", a partir do contato com símbolos lingüísticos legados por terceiros.

É fato que existem inúmeras vias de entrada no estudo das produções literárias. O jogo da escrita, tensão de vida e morte, exige que se estabeleçam limites para uma leitura adequada, o que demanda um processo de escolhas e perdas.

O presente ensaio tem como objeto de estudo a dimensão do feminino enquadrada pela linguagem, nas vertentes da ameaça e possibilidade de criação. O texto escolhido para análise é o romance *Crônica da casa assassinada*[1], do escritor mineiro Lúcio Cardoso. Vale assinalar que Lúcio é criador de uma vasta obra que inclui novelas, contos, romances, autobiografia, teatro, poesia, artigos de crítica de arte e crítica literária.

Pertencente à segunda fase do modernismo, promove incursões no cinema como diretor, roteirista e ator, e na pintura, nos últimos anos de vida. Ao explorar a riqueza da polifonia, o romancista constrói seres ficcionais com grande densidade dramática.

Na tentativa de decodificar o tema proposto, este processo investigativo utiliza como referencial teórico basilar a ciência psicanalítica, pois a riqueza e a complexidade da obra suscitam uma leitura fundamentada nos conceitos desta área do conhecimento. A psicanálise, arte de decifrar verdades, induz a pensar nas possíveis relações existentes entre o inconsciente e a criação literária. Freud, através de audaciosas análises de clássicos da literatura, assinala que toda e qualquer produção textual apresenta uma parte de inconsciência, uma vez que as produções poética e lingüística ensinam sobre o inconsciente.

As inúmeras referências literárias que atravessam os textos freudianos revelam que o fundador da psicanálise conhece com familiaridade os autores canônicos. Sua cultura humanista viabiliza o diálogo com os escritores, o que resulta em textos como *Delírios e sonhos na Gradiva de Jensen*, *Dostoiévski e o parricídio*, *Escritores criativos e devaneios*. Freud se serve de metáforas literárias, que converte em metáforas temáticas, para operacionalizar os conceitos que postula. Desta forma, é possível afirmar que a força da literatura funciona como suporte para a construção do arcabouço teórico psicanalítico.

---

1 Os trechos relativos a este romance são extraídos da edição crítica coordenada por Mario Carelli e referenciados pelo número da página.

Partindo-se do pressuposto de que não há intenção consciente por parte do escritor, uma vez que Lúcio Cardoso não era um estudioso da psicanálise, pretende-se demonstrar que Nina – a personagem-tema do romance em análise – é um exemplo, um protótipo literário, em torno do qual se evidencia a dimensão do feminino como um efeito de linguagem.

A ciência psicológica que influenciou parte da crítica literária tende a designar o feminino no sentido biológico, anatômico. A este respeito, a psicanálise relativiza o "destino" da anatomia. A estrutura da posição sexual se determina na ordem simbólica; masculino e feminino definidos como lugares onde e de onde se fala. Diante deste impasse, as buscas e tentativas de desvelamento continuam, bem como a dificuldade de se encontrar respostas definitivas. Objetiva-se apontar que a *feminilidade*, na estruturação romanesca, é uma possibilidade lógica, resultante da inserção do sujeito no mundo da linguagem.

Entre as obras consultadas para a elaboração deste trabalho, destaca-se o texto de Ruth Silviano Brandão *O discurso da morte encenada*[2], ponto de partida para a análise que se pretende realizar. A autora, ao fazer um apanhado das metáforas da feminilidade, tematiza sobre a impossibilidade de representá-la como figura completa, apontando para as relações entre o indizível da mulher, da verdade e do desejo. Considera-se esta produção teórica um marco para o estudo psicanalítico da obra cardosiana, na qual se destaca a fértil interlocução entre os dois campos do conhecimento – literatura e psicanálise.

Esta pesquisa se subdivide em quatro etapas. No primeiro momento, apresenta-se o instrumental teórico a ser utilizado, demarcando-se a adequação ao estudo do tema proposto. No segundo capítulo, efetua-se um cotejo das inúmeras falas referentes à personagem central da *Crônica*. A pluralidade de vozes sobre Nina, as fissuras discursivas, a narrativa epistolar apresentam-se como elementos comprobatórios da fugacidade que caracteriza a posição feminina. O tópico relativo ao

---

2 BRANDÃO, Ruth Silviano.In: *Mulher ao pé da letra*: a personagem feminina na literatura. Belo Horizonte: Secretaria Municipal de Cultura/ Ed. UFMG, 1993, p. 227-292.

enigma do feminino discorre sobre o caráter de ameaça que assume a representação psíquica da mulher. Por fim, no quarto capítulo, recorrendo-se aos conceitos de pulsão e sublimação, busca-se demonstrar que o vazio que particulariza a feminilidade abre espaço para o ato criador.

Merece ênfase a riqueza de um texto como o de Lúcio Cardoso. O romance em análise apresenta-se para o leitor como ilusão, jogo, ambigüidade. O literato, ao romper com a sintaxe trivial da razão, manifesta um estilo que é o da digressão, da fuga, do erotismo.

O tema que ora se delimita é apenas um recorte entre as diversas camadas simbólicas que envolvem a obra literária. Desenvolvo-o por constatar que o viés que persigo é singular, uma vez que envolve uma subjetividade.

Ler a *Crônica da casa assassinada* e vislumbrar conclusões, ainda que fragmentárias, é uma aposta na possibilidade de renovação da arte e da palavra.

Capítulo I

A Trama da Linguagem

Os símbolos efetivamente envolvem a vida do homem numa rede tão total que conjugam, antes que ele venha ao mundo, aqueles que irão gerá-lo "em carne e osso"; trazem em seu nascimento, com o dom dos astros, senão com os dons das fadas, o traçado do seu destino; fornecem as palavras que farão dele um fiel ou um renegado, a lei dos atos que o seguirão até ali onde ele ainda não está e para-além de sua própria morte; e, através deles, seu fim encontra sentido no juízo final, onde o verbo absorve seu ser ou o condena – a menos que ele atinja a realização subjetiva do ser-para-a-morte.

Jacques Lacan

No final do século XIX, um austero judeu de Viena busca entender o comportamento de determinadas mulheres. Radicado na capital do Império Austro-Húngaro, o Dr. Sigmund Freud, após estudar com Josef Breuer e Jean Martin Charcot, entra em contato com a subversão que suas pacientes efetivam em suas relações com a corporeidade. As vienenses de 1900 são muito belas e rodopiam nos bailes em palácios barrocos, ouvindo músicas de Strauss. Refugiam-se também em suntuosas mansões, uma vez que, para a maioria delas, não é possível uma ocupação ou a liberdade de transitarem sozinhas pelo espaço público. Destituídas que eram de qualquer poder social, restava-lhes exibir os atributos graciosos dos corpos com a esperança de suscitar os olhares e o reconhecimento masculinos. Ocupando uma posição de menos-valia existencial[3], essas mulheres encontram refúgio no imaginário e são perseguidas por implacáveis demônios.

---

[3] BERLINK, Manoel Tosta (Org.). *Histeria*. São Paulo: Editora Escuta, 1997, p. 107.

Nesse momento, entra em cena a figura da *histérica*, a grande simuladora, capaz de desafiar o saber instituído da medicina de toda uma época. Com uma anatomia imaginária, uma vez que o que está em questão é o corpo erógeno, as histéricas oitocentistas montam o cenário onde teatralizam a impossibilidade de entrar em contato com seus próprios desejos.

Repentinamente, não conseguem mais andar, apresentam paralisias faciais, gritam de pavor, temem enlouquecer. Precisam de alguém capaz de decifrar o enigma do seu sofrimento, enigma que obcecou o imaginário do ocidente. É importante assinalar que já "Hipócrates fala da doença, e outrora se considerava a histeria como uma manifestação do erotismo mórbido feminino"[4].

Identificado desde o início com a marca da simulação e da trapaça, o padecer histérico incorporou os "traços de negatividade moral e de malevolência que marcaram o ser da mulher"[5]. A histeria, que em sua raiz grega aponta para útero, matriz (e por que não atriz?), instigou então Sigmund Freud a pesquisar suas origens. Desse modo, pode-se afirmar que a escuta de suas pacientes histéricas, bastante numerosas em sua clínica, colocou o pai da psicanálise na trilha que o levou a formular o conceito de inconsciente, pedra angular do arcabouço teórico por ele instituído.

Anna O., Fraülein Katharina, Rosalie H., Miss Lucy R., Elisabeth Von R. estão entre as primeiras mulheres/pacientes a freqüentar a Bergasse, 19. Cécile M. é tratada por Freud em domicílio e seus filhos o denominam *der Zauberer* (o mago)[6]. Dora, que se chama na verdade Ida Bauer, proveniente da grande burguesia judaica de Viena, ao final de onze semanas interrompe o tratamento de maneira abrupta, deixando um perplexo Sigmund às voltas com o inexprimível do desejo feminino. Mas é Emmy Von N., a paciente de Freud que cuida do pai

---

[4] BERTIN, Célia. *A mulher em Viena nos tempos de Freud*. São Paulo: Papirus, 1990, p. 84.

[5] BERLINK, Manoel Tosta (Org.). Op. cit., p. 109.

[6] BERTIN, Célia. Op. cit., p. 85.

enfermo e se expressa em inglês, que ordena ao seu médico que se mantenha em silêncio e a deixe falar, instituindo o que ficou conhecido como *talking cure* (cura pela fala).

Origina-se desta forma a "ciência baseada no verbo"[7] que tanto convém às mulheres, já que estas não temem a "cura" através das palavras, pois, mais do que os homens, estão habituadas à dor (que vivenciam no alvorecer da vida) e ao sofrimento, seja por natureza ou tradição.

O imbricamento irredutível entre a fala feminina e o desenvolvimento da psicanálise enquanto ciência fez-se notar em um famoso depoimento do mestre vienense. Em 1925, o grande leitor de almas faz uma confidência à princesa Marie Bonaparte. Ele afirma que, após trinta anos de estudo sobre a psique feminina, não é capaz de responder à instigante pergunta: *o que quer uma mulher?*. E é bastante irônico que, ao longo de sua vida, Freud sempre tenha contado com a proteção e a dedicação das mulheres – de sua mãe Amalia à devotada filha Anna. Estes laços constituem-se no ancoradouro de sua vida afetiva, uma vez que as relações com os homens carregam, inevitavelmente, a marca da ambivalência. Seu percurso teórico é crivado por rupturas com amigos/inimigos como Josef Breuer, Wilheim Fliess, Otto Rank, Sandor Ferenczi e o "príncipe herdeiro" Carl Gustav Jung.

É fato que o saber da psicanálise sobre o feminino denota claramente uma hiância. O feminino assume o lugar do indizível, do "obscuro continente negro" diante do qual o conhecimento psicanalítico vacila. Mas é preciso assinalar que é o *dis-curso* da mulher que leva Freud a estabelecer, definitivamente, o vínculo do desejo[8] com a linguagem, ponto central de sua teorização, como se evidencia na *Interpretação dos sonhos*.

---

7 Idem, ibidem, p. 85.

8 Desejo, neste contexto, refere-se à falta que se inscreve na palavra, resultante da marca do significante sobre o ser de linguagem. Para Lacan, o desejo é "a metonímia da falta a ser". Cf. CHEMAMA, Roland (Org.). *Dicionário de psicanálise*. Porto Alegre: Artes Médicas, 1993, p. 42.

Isto nos leva a constatar que como *falasseres* (seres de fala) somos inevitavelmente desejantes. Desejo que nos remete a uma falta primordial e nos põe em busca de um objeto irremediavelmente perdido e sempre alucinado. Diante da perda do objeto, representamos, falamos. A linguagem é, pois, o órgão do esclarecimento e da antecipação. Poderosa engenharia simbólica que mobiliza e administra o desejo. Freud afirma que nada mais, a não ser o desejo, pode colocar o aparelho da mente em funcionamento, uma vez que

> A atividade do sistema inconsciente não conhece outro objetivo que não a satisfação de desejos e não possui a seu comando outras forças que não sejam impulsos impregnados de desejo[9].

O desejo constitui-se a pedra de toque do pensamento psicanalítico, marca da singularidade do sujeito. Desejo que é sempre trágico, que remete ao mito de Édipo, instigando o humano a decifrar/reeditar diante da esfinge tebana os enigmas relativos à sua origem e ao seu destino.

Desta forma, pode-se declarar que não há linguagem sem desejo, não há simbólico[10] sem a falta. Desejamos, sim, pela dimensão da incompletude. E uma vez que é na linguagem que a psicanálise encontra o sujeito, vale mencionar a afirmativa de Moustapha Safouan, quando este nos assegura que "em Freud não há distinção entre inconsciente e linguagem"[11]. Os processos inconscientes são, antes de tudo, processos de linguagem.

O estudo dos sonhos (*A interpretação dos sonhos*) lança as bases do funcionamento do aparelho psíquico, que se estrutura como um aparelho de linguagem. O sonho, "escritura de imagens", é regido por rigorosas leis da retórica. Utilizando-se da *condensação* e do *deslocamen-*

---

9 FREUD, Sigmund. *A interpretação dos sonhos*. In: Obras completas de Sigmund Freud. Rio de Janeiro: Imago, ESB, 1976, vol. 5, p. 605.

10 O termo simbólico refere-se à função complexa e latente que envolve toda atividade humana, ligada mais especificamente à função da linguagem. Constitui-se de uma vertente consciente e outra inconsciente.

11 SAFOUAN, Moustapha. *O inconsciente e seu escriba*. São Paulo: Papirus, 1987, p. 13.

to, que Jacques Lacan relacionará posteriormente com a *metáfora* e a *metonímia*, o trabalho onírico põe em cena a representação de um desejo proibido (incompatível com a atividade consciente) por meio de um símbolo[12].

Para Freud, o simbolismo é o mais notável capítulo da teoria dos sonhos:

> Devemos admitir, também, que o conceito de símbolo, no momento atual, não pode ser definido com precisão: esse conceito se transfigura gradualmente em noções tais como as de substituição ou representação, e se aproxima do que entendemos por alusão[13].

É importante assinalar que, nos sonhos, a variedade de coisas às quais é possível conferir uma representação simbólica não é muito ampla. Restringe-se ao "corpo como um todo, os pais, os filhos, os irmãos e irmãs, nascimento, morte, nudez – e algumas outras coisas mais"[14]. E a relação que se estabelece entre o elemento onírico e seu correlato manifesto designa o que a psicanálise define como "relação simbólica".

Nesta perspectiva teórica, os símbolos são, em sua grande maioria, símbolos sexuais[15]. Assumem, muitas vezes, um valor universal[16],

---

[12] O símbolo assume o sentido do elemento primordial das trocas e das representações humanas, sendo constitutivo da própria realidade.

[13] FREUD, Sigmund. "Conferências introdutórias sobre psicanálise". In: *Obras completas de Sigmund Freud*. Rio de Janeiro: Imago, ESB,1976, vol. 15, p. 183.

[14] Idem, ibidem, p. 183.

[15] É digno de nota a menção que Freud faz ao trabalho do filólogo Hans Sperber (1912) que defende o argumento de que as necessidades sexuais desempenharam um papel fundamental na origem e no desenvolvimento da linguagem. Segundo este teórico, os sons originais da linguagem se destinavam a atrair o parceiro sexual. Cf. FREUD, Sigmund. "Conferências introdutórias sobre psicanálise". Op. cit., p. 199.

[16] Freud faz referência a símbolos universais como florestas representando pêlos pubianos, montes e rochedos relacionados ao órgão sexual masculino, jardins como símbolos comuns dos genitais femininos, entre outros.

porém resguardam um código autônomo, o que leva a constatar que o sonhador faz com o símbolo aquilo que quer. O indivíduo, quando é envolvido pela elaboração onírica, tem à sua disposição uma forma outra de se expressar, diversa do que dispõe no estado de vigília. As pesquisas psicanalíticas também evidenciam que o simbolismo que se faz presente nos sonhos encontra-se disseminado em mitos, contos de fadas, ditados populares, canções folclóricas e na própria imaginação poética.

É evidente a polissemia que o termo *símbolo* apresenta na teorização freudiana. O discurso psicanalítico apresenta, muitas vezes, a tendência a atribuir o mesmo nome a conceitos cujas definições não podem ser simplesmente sobrepostas. Isto se deve ao fato de que Freud teve de lançar mão de uma linguagem não-literal, até poética, para expressar a dinâmica da sua percepção dos eventos mentais, bem como ao estilo ensaístico do teórico em referência, que parece precisar de tempo para se habituar à terminologia que utiliza, para, só depois, incorporá-la como certeza inatacável.

Os símbolos, para a psicanálise, carregam a marca da ambivalência e da sobredeterminação. Constituem-se como um *sinal de reconhecimento*, pois "são objetos de duas faces, núcleos de significação, pontos de junção de elementos pertencentes a dois planos diferentes"[17], elementos estes capazes de viabilizar a ponte entre o conteúdo manifesto de um comportamento, pensamento ou palavra e seu sentido latente, especificamente inconsciente.

No que se refere ao encontro de Freud com a simbólica dos sonhos, Tzvetan Todorov vem assinalar que, "ao descrever o sonho e o espírito, Freud reencontrava, sem perceber, 'o velho catálogo dos tropos'"[18]. Esta referência aos tropos retóricos e sua ligação com o simbolismo onírico aponta para relevantes questões. A primeira delas é reafirmar que foi o sintoma – a fala das histéricas –, enigma por excelência, que pôs o pai da psicanálise na trilha para decifrar o fun-

---

17 ARRIVÉ, Michel. *Lingüística e psicanálise*: Freud, Saussure, Hjelmslv, Lacan e os outros. São Paulo: Edusp, 1994, p. 68.

18 TODOROV, Tzvetan. *Teorias do símbolo*. Lisboa: Edições 70, [s.d.], p. 275.

cionamento do aparelho psíquico. Dizendo-se de outro modo: somente ao se deparar com o *non-sense* do sofrimento histérico foi possível para o incansável pesquisador da mente constatar que o sonho, e por extensão o próprio INCONSCIENTE, fala por tropos, desvios, elipses. Outro ponto que merece destaque é a evidência de que todas as produções do inconsciente – sintomas, sonhos, atos falhos, chistes – encontram-se impregnados de um caráter metafórico, uma vez que as leis que regem o inconsciente são leis que se encontram, primordialmente, na linguagem.

A metáfora, o grande processo de formação da linguagem, equipara-se à condensação, relação *in absentia*[19], capaz de englobar os seguintes tropos: catacrese, antonomásia, alegoria, hipérbole. Através da transferência de sentido, o discurso humano e as formações do inconsciente apontam para o inapreensível que permeia o simbólico, instituindo a aliança solitária entre o ser de fala e a função constituinte da palavra, pois

> A linguagem só é concebível como uma rede, uma teia sobre o conjunto das coisas, sobre a totalidade do real. Ela inscreve no plano do real esse outro plano a que chamamos simbólico[20].

Jacques Lacan, no artigo *Função e campo da fala e da linguagem em psicanálise*[21], faz alusão a uma frase de Mallarmé, quando este escritor compara o uso da linguagem com a permuta de uma moeda cujo verso e anverso mostram, unicamente, figuras apagadas e que, mesmo assim, é repassada de mão em mão, "em silêncio". Esta imagem literária remete à situação do humano como um ser regido, subvertido pela linguagem. No decurso das trocas simbólicas, homens e mulheres são arremessados como moedas, evidenciando que o código lingüístico é capaz de determinar desde a forma dos vínculos sociais até as possíveis escolhas sexuadas.

---

19 Idem, ibidem, p. 258.

20 LACAN, Jacques. *O seminário: livro1*: os escritos técnicos de Freud. Rio de Janeiro: Jorge Zahar, 1994, p. 298-9.

21 LACAN, Jacques. *Escritos*. Rio de Janeiro: Jorge Zahar, 1998, p. 253.

O simbólico, ou a ordem na cultura, institui-se sobre um fundo de falta, de negação. A palavra, como *presença feita de ausência*[22], é um símbolo, um pacto que subjaz a todas as trocas humanas e possibilita ordenar a circulação de "objetos de acordo ou desacordo, de dom ou de cobiça: homens, mulheres, rebanhos, castelos, tudo quanto circula na troca ou incita à conquista"[23]. Assim, cada língua, de acordo com a trama de seus conceitos e das relações entre os conceitos, deforma de maneira diversa a realidade percebida, induzindo o indivíduo a vislumbrar o mundo sob o prisma desta deformação. Este é o preço que se paga para que se possa simbolizar e garantir o ingresso no universo da linguagem. Estrutura-se um sujeito mais "assujeitado" que senhor de seu falar cotidiano; mais presa que caçador de suas produções de linguagem. Sujeito que fala e é falado pelo próprio *dis-curso*.

O fato simbólico encontra-se presente desde a mais remota relação do homem/mulher com a linguagem, o que se faz notar tanto pelos grandiosos monumentos construídos pelas civilizações antigas, bem como pelas mais primitivas manifestações dos grupos sociais: gravuras rupestres, sinais deixados em pedras, tumbas, sepulturas, primeiros sinais gráficos. O reconhecimento da existência destas marcas simbólicas sinaliza para a intencionalidade da inscrição do símbolo, rastro da passagem do sujeito pela terra. Por este prisma, é fácil constatar que o ser de fala pode se situar além da morte, pelo símbolo e pelo significante[24].

A evolução ulterior do pensamento psicanalítico (Escola Francesa) acentua mais ainda o papel da palavra, com uma elaboração bastante acurada sobre os jogos de linguagem. Se Freud, ao relatar o exemplo canônico do brincar da criança com o carretel (*Fort-Da*),

---

[22] Idem, ibidem, p. 277.

[23] SAFOUAN, Moustapha. *A palavra ou a morte*: como é possível uma sociedade humana?. São Paulo: Papirus, 1993, p. 108.

[24] O termo *significante* assume o sentido do elemento do discurso, com uma inscrição consciente e outra inconsciente, capaz de representar e determinar o sujeito. Este conceito foi retirado da lingüística. Na teorização lacaniana é dada ênfase à primazia do significante, bem como à sua relação fluida com o significado.

entrevê nesta atividade lúdica a tentativa do controle simbólico (presença/ausência) do objeto perdido/amado, Lacan, por sua vez, postula a existência de um sujeito que emerge como efeito da combinatória significante. Significantes sem os quais é impossível ao *falasser* estruturar-se. E como a linguagem já nasce sob a égide da ausência, é a própria falta que se inscreve na palavra, eternizando o desejo daquele que fala.

As elaborações discursivas evidenciam a máxima divisão entre o conhecido e o desconhecido, pois em todo discurso há sempre dois sujeitos: sujeito do enunciado, sujeito da enunciação, irremediavelmente separados, clivados pela barreira do recalque[25] que funda o inconsciente e põe em evidência um indivíduo movido à revelia pelos seus significantes primordiais.

A psicanálise, como a ciência da palavra, declara que a história de um sujeito é constituída pela fala endereçada ao Outro[26]. O infante, que mesmo antes de nascer é envolvido na malha simbólica, dirige-se àquele que julga as palavras, instância que contém todas as significações lingüísticas possíveis. E cumpre o destino humano de buscar o reconhecimento através do verbo, pois seu desejo, apreendido inicialmente na figura materna, é reintegrado numa forma verbal, através de nominação simbólica. O que confirma o fato de que "o *eu* nasce em referência ao *tu*"[27].

A dependência humana em relação ao universo do símbolo é discutido de forma bastante esclarecedora por Moustapha Safouan, no seguinte trecho:

> [...] enquanto metáfora do sujeito, o símbolo é literalmente o significante "umbilical" que religa

---

[25] O *recalque* ou *recalcamento* constitui-se no processo de afastamento das pulsões às quais é vetado o acesso à consciência. Para Freud há dois momentos lógicos do recalcamento: recalcamento originário e recalcamento propriamente dito.

[26] Para Lacan o Outro (lê-se "grande outro") é a instância anterior e exterior ao sujeito e que, no entanto, o determina. Confunde-se com a ordem da linguagem. É o lugar do código lingüístico, tesouro dos significantes.

[27] LACAN, Jacques. *O seminário: livro 1*: os escritos técnicos de Freud. Op. cit., p. 193. (Grifos do autor)

> o sujeito ao "núcleo do ser", dele separando-o completamente, posto que esse núcleo reside, em última instância, numa *falta* para ser[28].

Esta *falta no ser* para a qual abre a palavra eterniza no sujeito falante o sinal da castração, entendendo-se a castração como lei simbólica, trazida pela linguagem e que obriga o/a filho/filha a renunciar à sua mãe/pai – interdição do incesto – e buscar objetos outros de satisfação. Por esse viés teórico é perceptível o estreito laço que une lei e desejo, desejo e linguagem. E é importante que se frise que a lei existe não para aniquilar o desejo, mas "para guardar a vida, introduzindo, na espessura do corpo e da carne, o clarão do Logus"[29].

Constata-se que aquilo que diferencia o ser humano é sua fala, metáfora fundante que o aparta do mundo natural tornando-o outro. A palavra confunde-se com o próprio ser, uma vez que somos constituídos e atravessados pelos símbolos lingüísticos. A este respeito, Lacan nos assegura que "é o mundo das palavras que cria o mundo das coisas"[30].

Para que seja possível explicitar o que impulsiona o deslizamento das produções discursivas, é necessário que se recorra ao conceito de *falo* ou *significante fálico*, noção central na teoria psicanalítica. O termo em referência, familiar aos etnólogos e historiadores da antigüidade, reveste-se de uma natureza não-especular, que só se revela em termos de mistério; "sob representações diversas, ele designa a força criadora e é venerado como a origem da vida"[31].

Simboliza também o Oriente mítico, de onde emana calor e luz. Para a ciência de Freud, este é um símbolo tomado na lógica do inconsciente e nunca pode ser pensado como fantasia, objeto parcial (bom ou mau) ou órgão sexual real. Remete, invariavelmente, ao

---

[28] SAFOUAN, Moustapha. *O inconsciente e seu escriba*. Op. cit., p. 122. (Grifo do autor)

[29] PELLEGRINO, Hélio. "Édipo e paixão". In: *Os sentidos da paixão*. Org. Sérgio Cardoso, São Paulo: Companhia das Letras, 1987, p. 314.

[30] LACAN, Jacques. *Escritos*. Op. cit., p. 277.

[31] CHEVALIER, J. & GHEERBRANT, A. *Dicionário de símbolos*. Rio de Janeiro: José Olympio, 1997, p. 418.

caráter sexual da libido. O falo, *significante sem significado*, é por excelência a falta e o que permite a circulação de sentido nas redes de linguagem. É o significante destinado a designar os efeitos de significado, uma vez que toda significação remete ao falo. Assume o papel de ordenador da sexualização ao se tornar o objeto do desejo da mãe, para sempre interditado pela lei primordial da cultura. O falo constitui-se, em última instância, no significante do gozo sexual, "ponto onde se articulam as diferenças na relação com o corpo, com o objeto e com a linguagem"[32].

Os labirintos conceituais propostos por Freud e desenvolvidos por Lacan conduzem a uma equiparação entre a ordem fálica e a ordem da linguagem, que submete homens e mulheres a uma constante reduplicação do discurso pelo efeito do significante.

A teorização freudiana na *Interpretação dos sonhos* já atenta para os truques lingüísticos utilizados por crianças que, ao brincarem com as palavras, muitas vezes inventam novas linguagens e produzem formas sintáticas artificiais. Posteriormente, no artigo *A significação antitética das palavras primitivas*, Freud recorre ao trabalho do filólogo Karl Abel, que se debruça sobre a língua egípcia e evidencia a existência de um grande número de palavras que carregam duas significações, uma das quais é o oposto exato da outra. De acordo com as pesquisas de Abel, tal polaridade também se encontra presente nas línguas semita e indo-européia[33]. Na visão psicanalítica, o referido estudo sobre os códigos lingüísticos da antigüidade vem corroborar a assertiva de que no funcionamento do inconsciente não se inscreve a negação e conceitos contrários podem coexistir pacificamente, pois

> O homem não foi, de fato, capaz de adquirir seus conceitos mais antigos e mais simples a não ser como os contrários dos contrários, e só gradativamente aprendeu a separar os dois lados de uma

---

[32] CHEMAMA, Roland (Org.). *Dicionário de Psicanálise*. Op. cit., 1993, p. 70.

[33] FREUD, Sigmund. "A significação antitética das palavras primitivas". In: *Obras completas de Sigmund Freud*. Rio de janeiro: Imago, ESB, 1976, vol. 11, p. 144.

> antítese e a pensar em um deles sem a comparação com os outros[34].

A partir desta gênese dos processos de linguagem, fica fácil constatar que a ordem simbólica não tem nada de especialmente pacificante[35], uma vez que o fundamento do discurso humano é o mal-entendido. Observa-se uma palavra capaz de dividir, seccionar e criar realidades diversas, revelando a dicotomia existente entre sujeito do enunciado/ sujeito da enunciação. Na divisão operada pelas produções discursivas, instala-se a distância entre o que se diz e o que se pretende dizer.

É notório que o jogo do símbolo impõe regras claras; a linguagem, ao funcionar inteiramente mergulhada na ambigüidade, distancia-se de uma apreensão direta do real. Resulta, invariavelmente, de um longo processo de elaboração. E o que vem possibilitar a transferência de sentido, de tal forma essencial à comunicação humana, é a estrutura do significante. Significante que não significa nada e é capaz de produzir a todo momento significações novas, já que não há acoplamento definitivo com o significado. O que se verifica é a estruturação de cadeias simbólicas em que uma significação remete sempre a uma outra significação, de forma ininterrupta. Ao sujeito falante resta deixar-se conduzir pelo "desfiladeiro da linguagem", trama do discurso que ilumina e vela o ser.

A ciência psicanalítica evidencia que o não-sentido é a origem de todo sentido. É no jogo com as palavras, essas "partículas minúsculas de pequeno sentido", que o inusitado pode advir na cadeia discursiva. O humano, ao manipular convenções linguísticas, formadas por sinais arbitrários e impregnadas de uma contextualidade histórica, desmascara a ilusão de uma relação direta entre palavras e coisas. Palavra que é trapaça, risco, jogo, simulação, mas também *verbo* que age sobre a realidade, reorganizando-a, recriando-a.

Sigmund Freud, ao postular o determinismo inconsciente, produz uma revolução sem precedentes na concepção do ser humano.

---

[34] Idem, ibidem, p. 143.

[35] SAFOUAN, Moustapha. *A palavra ou a morte*: como é possível uma sociedade humana?. Op. cit., p. 109.

Enriquecendo esta contribuição, Jacques Lacan enfatiza, em vários momentos do seu ensino, que este determinismo é o da própria linguagem, pois não há realidade pré-discursiva. Cada realidade se funda e se define por um discurso. O sujeito, que para a psicanálise é sempre um sujeito desejante, constitui-se a partir do Outro, cultural ou parental. Como puro efeito da combinatória significante, este coloca-se sempre em posição de emergir e se desvanecer na tessitura das produções discursivas, posto que é representado e ejetado pelo próprio discurso.

Na alienação constitutiva da linguagem, o ser de fala se depara com o saber inefável do inconsciente, este capítulo censurado da história de cada um, "marcado por um branco ou ocupado por uma mentira"[36]. Inconsciente que existe como palavra, como lugar da palavra, texto concreto de que o sujeito não dispõe, já que

> A palavra não se desdobra num único plano. A palavra tem sempre por definição os seus panos de fundo ambíguos, que vão até o momento do inefável, em que não pode mais se dizer, se fundar, ela mesma, enquanto palavra[37].

O sujeito – da linguagem e do inconsciente – ao falar escapa à mestria de um discurso intencional. O manejo do símbolo, este nó de significações múltiplas, induz o homem/mulher a buscar, incansavelmente, o sentido que jaz do outro lado do véu[38]. Véu de suas crenças e do profundo desconhecimento em relação ao próprio desejo. Isto remete à inevitável constatação de que

> Mesmo que não comunique nada, o discurso representa a existência da comunicação; mesmo que negue a evidência, ele afirma que a fala constitui a

---

[36] LACAN, Jacques. "Função e campo da fala e da linguagem em psicanálise". In: *Escritos*, Op. cit., 1998, p. 260.

[37] LACAN, Jacques. *O seminário: livro 1*: os escritos técnicos de Freud. Op. cit., p. 263.

[38] SAFOUAN, Moustapha. *O inconsciente e seu escriba*. Op. cit., p. 95.

> verdade; mesmo que se destine a enganar, ele especula com a fé no testemunho[39].

Ao postular a primazia do simbólico, a revolucionária construção do pensamento freudiano sinaliza para o papel de destaque conferido à sexualidade[40], que se estende desde o reconhecimento de sua gênese na infância até a atribuição de um sentido sexual inconsciente a atos e representações psíquicas.

O sujeito inscreve-se no mundo a partir de um aparelho simbólico pré-existente que estabelece a lei na função sexual. Deste modo, o que determina o ser humano em relação à sua sexualidade é o fato dele estar inserido na ordem da linguagem. A sexualidade é, pois, definida pelo discurso, uma vez que se encontra presa ao desejo; desejo que não se molda ao anatômico, mas que se determina na cadeia simbólica.

A estruturação significante, constitutiva dos atos e do destino humanos, faz tábula rasa da anatomia, o que implica uma fluidez das posições masculinas e femininas. A sexualidade de homens e mulheres não se limita aos genitais, pois há um além da diferença dos sexos. A este respeito, pode-se afirmar que a linguagem não esgota completamente o que define o ser homem e o ser mulher. Na concepção de Lacan:

> O significante-homem e o significante-mulher são coisas diferentes de uma atitude passiva e uma atitude ativa, atitude agressiva e atitude cedente, outra coisa que comportamentos[41].

A grande questão a se colocar é que fora da concretude do real do corpo não sabemos o que encobrem os termos masculino/femini-

---

[39] LACAN, Jacques. "Função e campo da fala e da linguagem em psicanálise". In: *Escritos*. Op. cit., p. 253.

[40] No arcabouço teórico psicanalítico, a sexualidade não se restringe à genitalidade, mas se refere a tudo que mobiliza para a busca do prazer e redução de tensão psíquica.

[41] LACAN, Jacques. *O seminário: livro 3*: as psicoses. Rio de Janeiro: Jorge Zahar, 1992, p. 226.

no, ou só temos nebulosas aproximações, uma vez que a diferença anatômica não se inscreve como tal em nível do psiquismo, inexistindo, deste modo, uma "essência" especificamente feminina ou masculina.

Diante da universalidade do falo – para a sexualidade do homem e da mulher só existe o significante fálico – conclui-se que a ordenação lógica dos sexos se instaura na ordem da fala. A diferença sexual vem se ancorar na cadeia significante.

A partir deste raciocínio, é inevitável pensar em "masculinidade" e "feminilidade" como *injunções discursivas, possibilidades lógicas, indicativas da posição do sujeito na cultura.*

A linha de pesquisa iniciada por Freud e Lacan referenda, pois, que é na tessitura da linguagem que o sujeito falante se constitui/desconstitui. A elaboração do discurso, ao jogar com a polissemia do símbolo lingüístico, esclarece que no plano simbólico nada é gratuito, tudo é significante. Em outros termos: a linguagem não diz exatamente, nem verdadeiramente, o que parece dizer – revelação do seu duplo valor de desconhecimento e verdade. Através do mergulho nos jogos de linguagem, as palavras vêm revelar o que o sentido, muitas vezes, quer esconder.

A espessa camada simbólica entre homem/mulher e realidade induz a pensar se existiria um mundo fora da linguagem. A transcendência do símbolo e a evanescência do ser de fala conjugam-se para fazer crer que o inconsciente existe porque existe linguagem.

O aforismo lacaniano – *o inconsciente se estrutura como uma linguagem* – e a declaração do criador da psicanálise que confere aos poetas o mérito da descoberta do inconsciente assinalam o marco de fertilização recíproca entre a ciência de Freud e a arte literária.

É evidente que o mestre de Viena estabelece uma relação ambígua com as produções artísticas, descrevendo um duplo movimento de aproximação e repulsa. No *corpus* teórico psicanalítico, ora a arte exerce a função de fomentadora da ilusão – suave narcose –, ora parece defender-nos de um confronto por demais cru com o mundo.

Diante do enigma do ato criador, Sigmund Freud entrevê na arte o estranhamento familiar. Revela a Arthur Schnitzler, o *doctor-poeta* vienense, a sensação de identidade com o escritor, encontro com seu duplo. Para o psicanalista,

> O escritor criativo faz o mesmo que a criança que brinca. Cria um mundo de fantasia que ele leva muito a sério, isto é, no qual investe uma grande quantidade de emoção, enquanto mantém uma separação nítida entre o mesmo e a realidade. A linguagem preservou essa relação entre o brincar infantil e a criação poética[42].

Observa-se claramente que psicanálise e literatura são empreendimentos de textos, contextos, intertextos e subtextos. O texto literário é, antes de mais nada, um tecido que dissimula, uma vestimenta que esconde sentidos. O método freudiano de desmistificação das camuflagens subjetivas[43] oferece, desta forma, instrumental adequado para uma análise da produção dos/as escritores/as.

Com a utilização do *corpus* teórico psicanalítico, a prática literária interpretativa (prática de significância) se dá na interseção entre o conhecido e o desconhecido. Ao leitor/crítico é exigido ler além do escrito, nas ressonâncias e escansões das palavras, estes sedutores criptogramas/hieróglifos que podem e devem ser decifrados. O ato de interpretar implica uma exposição contínua aos significantes da obra, num confronto permanente com aquilo que não pode ser apreendido no significado.

Derrida adverte que "um texto só é um texto se ele oculta ao primeiro olhar, ao primeiro encontro, a lei de sua composição e a regra de seu jogo. Um texto permanece, aliás, sempre imperceptível"[44]. Tal afirmativa remete ao traço de sedução que permeia a obra literária, com suas inevitáveis trapaças e armadilhas. Diante do fascínio da escritura/textualidade, a tentativa de decifiramento deve ser encarada como risco, busca interminável.

---

[42] FREUD, Sigmund. "Escritores criativos e devaneio". In: *Obras completas de Sigmund Freud*. Rio de Janeiro: Imago, ESB, 1976, vol. 9, p. 150.

[43] LACAN, Jacques. "Função e campo da fala e da linguagem em psicanálise". In: *Escritos*. Op. cit., p. 242.

[44] DERRIDA, Jacques. *A farmácia de Platão*. São Paulo: Iluminuras, 1991, p. 17.

O enigma da escritura, na mitologia egípcia, conduz a Thot, o filho do deus-sol, Amon-Ra. Thot assume o papel do deus criador que engendra pela mediação do verbo. Homólogo grego de Hermes, é o mensageiro dos deuses, astuto intermediário. Aquele que, ao presidir os jogos de palavras, participa ativamente de complôs, operações pérfidas, manobras de usurpação[45]. Como entidade dos disfarces e das máscaras, Thot possibilita a substituição e o jogo significante. O deus da escritura é também o deus da morte e, conseqüentemente, do *pharmákon*[46].

Na intrincada constituição do "texto-tecido", Sarah Kofman entrevê o produto de um conflito de forças. Conflito que resulta de um compromisso que se refere, ao mesmo tempo, ao desejo (particularmente o desejo incestuoso), a sua transgressão e ao possível castigo, fundamento de todas as culturas, bem como à inescapável tensão entre Eros e as pulsões de morte, uma vez que toda ruptura sinaliza para o trabalho silencioso da pulsão de morte e toda ligação evidencia a força integradora de Eros[47].

A linguagem, com sua virtude metafórica, favorece, na análise textual, a circulação de saberes entre autor/narrador e leitor/narratário. Assim, o texto revela mais do que o autor pretende dizer e o/a leitor/a é levado/a de construção em construção, de interpretação a interpretação, sem atingir jamais o "texto originário". Neste processo, a *verdade* ou o *sentido* se fazem reconhecer e se ocultam, indefinidamente.

A teorização freudiana, integrada a um pensamento crítico na modernidade, desconstrói a concepção metafísica do sujeito-autor ao postular que não é este quem fala, mas o seu próprio texto. Michel Foucault corrobora esta assertiva ao declarar que "a marca do escritor não é mais do que a singularidade de sua ausência; é-lhe necessário

---

[45] Idem, ibidem, p. 35.

[46] Derrida equipara a escritura com o *pharmákon*, que pode servir tanto de remédio como pode ocupar o lugar de veneno. *Pharmákon* em grego quer dizer droga curativa, veneno, tintura, mas sempre em um sentido mágico.

[47] KOFMAN, Sarah. *A infância da arte*: uma interpretação da estética freudiana. Rio de Janeiro: Relume-Dumará, 1996, p. 69.

representar o papel de morto no jogo da escrita"[48]. A análise crítica com referencial psicanalítico pretendida neste ensaio – uma das inúmeras possibilidades de entrada na obra literária – efetiva-se com o objetivo de intervir ou interpretar, privilegiando o que Bellemin-Nöel denomina de "inconsciente do texto"[49]. Ao leitor/a, efetivo produtor de intertextualidades, cabe constatar que "a obra não se dá por inteiro [...] infinitas formações de sentido a criam e, concomitantemente, derivam dela, perpassam-na"[50].

Sabe-se que as lacunas na narrativa textual são uma das condições do simbólico. O/a escritor/a é um/a doador/a de sentidos que, ao lidar com a polissemia da palavra, produz beleza, ambigüidade e estranhamento e não teme deixar falar seu inconsciente, produzindo prazer intelectual e emoção estética.

Em sua escrita, Freud evidencia a constante tensão entre ciência e arte, uma vez que busca a retórica, a argumentação e a persuasão narrativa. No seu rico aprendizado com a literatura, segue disseminando associações imprevistas, entregando-se ao jogo de *des-velamento* dos disfarces simbólicos.

A trama bem urdida por Lúcio Cardoso em *Crônica da casa assassinada* seduz um/a crítico/a que se utiliza do instrumental teórico psicanalítico. A estrutura narrativa, os vários relatos autobiográficos permitem que o/a leitor/a desta obra possa se situar sob diversos ângulos. O tempo que se esboça é o passado. As personagens-narradoras discorrem sobre algo que já ocorreu, mas que continua a mobilizá-las. Tal tessitura da linguagem lembra o encadeamento do discurso analítico. O literato abre mão do narrador onisciente, empregando diferentes formas de narração, o que possibilita a coexistência de diversas vozes que anunciam realidades, por vezes conflitantes.

---

48 FOUCAULT, Michel. *O que é um autor?* [s.l.]: Vega, 1992, p. 37.

49 BELLEMIN-NÖEL, Jean. *Psicanálise e literatura*. São Paulo: Cultrix, 1986, p. 95.

50 KON, Noemi Moritz. *Freud e seu duplo*: reflexões entre psicanálise e arte. São Paulo: EDUSP, 1996, p. 205.

NINA, foco desta análise, é o hipertema do romance, pois "todos os enunciados, todas as informações compõem sua história, seu ser e seu devir"[51]. As múltiplas representações que suscita revelam que ela é um produto da elaboração psíquica de cada sujeito/narrador. Ao falar da personagem central, todos falam de si mesmos. Nina afigura-se como "renda de bilro", fruto de entrelaçamentos e convergências simbólicas. O refinamento, a complexidade psicológica, a força psíquica dos seres ficcionais sugerem a utilização de conceitos da psicanálise – desejo, castração, falo, Outro, pulsão, sublimação – para um estudo da temática proposta: *o feminino como um efeito de linguagem.*

E uma vez que a escritura cardosiana induz à dúvida, provoca inquietação, mente, simula, teatraliza a verdade, trapaceia com o leitor, é importante ouvir Ítalo Calvino:

> Seja como for, todas as "realidades" e as "fantasias" só podem tomar forma através da escrita, na qual exterioridade e interioridade, mundo e ego, experiência e fantasia aparecem compostos pela mesma matéria verbal; as visões polimorfas obtidas através dos olhos e da alma encontram-se contidas nas linhas uniformes de caracteres minúsculos ou maiúsculos, de pontos, vírgulas, de parênteses; páginas inteiras de sinais alinhados, encostados uns aos outros como grãos de areia, representando o espetáculo variegado do mundo numa superfície sempre igual e sempre diversa, como as dunas impelidas pelo vento do deserto[52].

---

[51] REUTER, Ives. *Introdução à análise do romance*. São Paulo: Martins Fontes, 1995, p. 104.

[52] CALVINO, Italo. *Seis propostas para o próximo milênio*: lições americanas. São Paulo: Companhia das Letras, 1990, p. 114.

Capítulo II

Nina: o Feminino como Efeito de Linguagem

Palavras? Sim, de ar,
E perdidas no ar.
Deixa que eu me perca entre palavras,
Deixa que eu seja o ar entre esses lábios,
Um sopro erramundo sem contornos,
Breve aroma que no ar se desvanece.
Também a luz em si mesma se perde.
Octavio Paz

Pode-se pensar a criação literária como uma forma de o ser de cultura interrogar-se sobre si mesmo. O discurso da literatura, essencialmente desequilibrado, *locus* de todas as transgressões, busca ler o humano na sua vivência quotidiana, bem como no seu destino histórico.Tal qual Penélope que modela seu tecido, o escritor entrega-se ao jogo das palavras (imprevisíveis artimanhas da cadeia discursiva) percebendo-se, muitas vezes, como simples efeito do "verbo", caracterização de sujeito marcadamente ausente.

O posicionamento adotado por Lúcio Cardoso na construção de suas personagens coaduna-se com o que o autor expressa no seu diário:

> A finalidade de um retrato não deve ser a de esclarecer, mas a de contornar, sugerindo o enigma. De esforço em esforço, atingir a fisionomia plena, mas com o seu segredo, que é o que importa[53].

---

[53] CARDOSO, Lúcio. *Diário completo*. Rio de Janeiro: José Olympio, 1970, p. 212.

Ao privilegiar o enigma, observa-se que em *Crônica da casa assassinada* o romancista mineiro elabora minuciosamente o mistério que envolve a personagem central Nina. Como muitos dos heróis (ou anti-heróis) cardosianos, esta, por não pertencer a lugar nenhum, por vir das bordas do mundo, é o elemento capaz de circular nas brechas da ordem fálica, desestabilizando estruturas rígidas, promovendo o encontro de cada ser com sua tragédia e seu destino.

Com localização temporal indefinida (possivelmente a primeira metade do século XX), a narrativa ambienta-se nas Minas Gerais, na visão de Nina terra de introspectivos e desconfiados, de gente calada e feia (p. 65). No centro do drama, encontra-se a altiva família Meneses.

Esta raça, desde muito enraizada no imaginário do lugar, constitui-se o orgulho da pequena Vila Velha. Dona Malvina era a matriarca do clã, mãe de três varões: Demétrio, Valdo e Timóteo.

A importância local dos Meneses é considerável, inexistindo evento social para o qual não sejam convidados. No entanto, vivem isolados, praticamente não freqüentando seus semelhantes. É possível afirmar que em torno deste nome cria-se uma lenda:

> [...] esses Meneses não sabiam o que significavam para a imaginação alheia, o valor da legenda que lhes cercava o nome, sua força dramática e misteriosa, a poesia que os ilumina com uma luz frouxa e azulada. (p. 286)

A chácara onde residem atrai a curiosidade de toda a gente, mesmo sendo observados sinais de decadência, como janelas que não abrem mais, pintura com indefinição de cor e invasão do mato nos antes bem cuidados jardins. Estes "nobres da roça" são considerados pessoas estranhas, sempre calados, austeros, com um certo traço de hostilidade. O farmacêutico da região assinala que "andavam todos eles em torno uns dos outros, como perus num círculo de giz". (p. 506) Nas características físicas, destacam-se a palidez e o nariz exagerado, aliados à preguiça, à falta de vontade e à tendência ao rancor e à inflexibilidade.

As finanças representam um ponto nevrálgico na dinâmica da família. Investimentos fracassados, empréstimos não reembolsados, operações bancárias realizadas erroneamente, enfim, toda uma série de desastres financeiros obriga-os a viverem exclusivamente de rendas, as quais se encontram quase esgotadas.

Mas, acima do bem e do mal, está o "espírito" dos Meneses. Pode-se ouvir nas palavras de Valdo, o filho do meio, a seguinte declaração:

> Apesar de tudo, resta louvar o espírito da família Meneses, esse velho espírito que é nosso único ânimo e sustentáculo: esse ainda é o mesmo, integral como um alicerce de ferro erguido entre a alvenaria que cede. (p. 141)

Deste modo, para não afrontar a "sacrossanta" paz familiar, as discordâncias existentes são profundamente silenciadas. Não é permitida a expressão do sentimento de ódio que o próprio Valdo nutre em relação a Demétrio, o prepotente irmão mais velho, nem se pode fazer referência a Timóteo, o "rebento espúrio dos Meneses".

É numa dimensão de algo que não se sabe como abordar, de algo perigoso e ameaçador que Nina vem se situar no universo de ficção de Lúcio Cardoso. Sua trajetória estende-se desde a chegada esplendorosa até a morte em tom sacrificial.

Wilson Martins afirma que a personalidade de Nina domina não somente a chácara e a família Meneses, mas sobretudo o próprio leitor:

> Justamente uma das razões que conservam vivo e inquietante até as últimas páginas o "mistério" de Nina está nesta lenta descoberta dos seus atos e gestos, nessa dolorosa impotência em que nos sentimos de penetrar-lhe o grande segredo, nessa condição de personagem a que nos reduz o romancista, obrigando-nos, por assim dizer, a tentar uma explicação paralela à dos demais, a completar as faltas de perspicácia mais grosseiras, a inventar razões que logo depois se revelam falsas[54].

---

[54] "Um romance brasileiro". In: CARELLI, Mário (Coord.). *Crônica da casa assassinada*, edição crítica, 2ª ed., Madri; Paris; México; Buenos Aires; São Paulo; Rio de Janeiro; Lima, UNESCO, 1996, (Coleção Archivos), p. 795.

A multiplicidade de pontos de vista relativos à personagem central da *Crônica* origina uma cadeia discursiva descontínua, com falas incessantes e inesgotáveis. O romance compõe-se de uma série de manuscritos: cartas, diários, narrações, confissões, memórias, depoimentos que teorizam sobre a "estranha" mulher capaz de suscitar admiração, assombro, repulsa.

A irrupção de Nina na província mineira é o significante que promove o deslizamento do inconsciente como linguagem, reafirmando o preceito deleuziano de que o sentido não preexiste, mas é antes de tudo uma construção. "Diziam-na perigosa, fascinante, cheia de fantasia e de autoridade". (p. 72) Alguns conjecturavam que ela seria uma sangue azul, outros uma cantora de cabaré. O fato é que não se sabe nada de positivo a seu respeito, pois assume o lugar do acontecimento que quebra a rotina do não-acontecimento.

Com uma escrita do impreciso, terrivelmente precisa, Lúcio Cardoso começa a delinear o perfil de sua heroína. Através das palavras de Betty, a governanta inglesa, tem-se a seguinte descrição da esposa de Valdo:

> [...] jamais, jamais poderei esquecer a impressão que me causou. Não foi um simples movimento de admiração, pois já havia me deparado com muitas mulheres belas em minha vida. Mas nenhuma como esta conseguiu misturar no meu sentimento de pasmo essa leve ponta de angústia, essa ligeira falta de ar que, mais do que a certeza de me achar ante uma mulher extraordinariamente bela, forçou-me a reconhecer que se tratava também de uma presença – um ser egoísta e definido que parecia irradiar a própria luz e o calor da paisagem. (p. 61 – grifo do autor)

Nina apresenta-se à tradicional família de Minas elegantemente vestida, personificando a luz em sua primeira aparição, para prazer e espanto daqueles que a aguardam. Logo ao desembarcar, apanha um ramo de violetas[55] que encontra perdido entre as folhas do trevo e afirma: "é minha flor predileta". (p. 63)

Mais uma vez, Betty apresenta as impressões acerca de sua nova "patroa":

> Sua palidez, seus cabelos quase ruivos, exaltavam o brilho líquido dos olhos, enquanto as linhas sobressaíam com nítida impressão de força. No entanto, não poderia dizer jamais que fosse uma beleza completa, um resultado total: a patroa era bela em detalhe, traço a traço, com uma minúcia, um exaspero quase na perfeição dos seus motivos. (p. 70)

O que se destaca de sua pureza de traços, no entanto, é uma "atmosfera estranha e tormentosa". (p. 104) Estranhamento que se manifesta, inicialmente, numa profunda inadaptação à vida na chácara. Desagradam-lhe os silêncios, os hábitos, a paisagem mineira. Sente falta dos restaurantes, dos automóveis, do mar, da agitação da cidade grande.

Vale ressaltar o que induz Nina a abandonar o Rio de Janeiro e se transferir para Vila Velha. Tal decisão relaciona-se com sua origem. Ela é filha de um coronel reformado do exército, asmático e preso a uma cadeira de rodas, e de uma atriz italiana de segunda classe, que regressa à Europa por não suportar as saudades. Sua relação com a figura paterna denota uma forte ambivalência, uma vez que, enquanto se esforça por agradar, é chamada de preguiçosa, desmazelada e outros apodos desprezíveis. (p. 114) Em certa ocasião, o pai a utiliza como prêmio de uma aposta, sugerindo que se case com Amadeu Gonçalves, um homem de idade bastante avançada.

É, pois, numa situação difícil, com o velho coronel enfermo, que conhece Valdo. O jovem de modos afáveis passa a representar

---

55 Importante assinalar que a violeta, nas sociedades ocidentais, associa-se ao simbolismo mortuário (luto ou semiluto). Evocando a imagem da morte não como *estado*, mas como *passagem*, é a cor do segredo. Ao longo da *Crônica*, tem-se 43 referências às violetas.

para ela uma família, uma provável estabilidade financeira, a boa educação que não tivera. Nestas circunstâncias, o casamento ocorre em curto espaço de tempo e Nina segue o seu *destino* – "Meu destino é este, ninguém foge à luz da sua estrela" (p. 97) – como muitos dos personagens de Lúcio Cardoso[56].

Na tessitura da *Crônica da casa assassinada*, Nina encarna o ser deslumbrante da feminilidade. Utilizando-se de designadores múltiplos, o romancista dela esboça uma composição em mosaico, agregando a multiplicidade de percepções que são produzidas de acordo com o desejo de cada ser falante. A "estrangeira", que irrompe no insípido mundo dos Meneses, é um conjunto de memórias, desejos e símbolos. Referindo-se a Nina, Ruth Silviano Brandão diz:

> [...] cada personagem expressa algo de si mesma e de seus afetos que nela se centram. Nina acaba por se revelar o espelho desejado ou renegado, onde elas se contemplam, tentando-se reconhecer ou negando-se aí mesmo onde se vêem[57].

Sabe-se que o nome próprio se caracteriza por sua unicidade e sua falta de significação. O significante Nina pode ser pensado como anagrama de Minas, de mina, de menina, de feminina[58], mas não equivale a uma autêntica nomeação. Sobre o indizível do nome próprio, Gérard Pommier declara:

> [...] para falar, o sujeito enuncia de um lugar do qual o nome patronímico dá sinal, permitindo a existência na linguagem, assim como sua utilização. Com o dom desse nome, é a função simbólica da paternidade, portanto, que se vê definida[59].

---

[56] FARIA, Otávio de. "Lúcio Cardoso". In: CARELLI, Mário (Coord.). *Crônica da casa assassinada*, edição crítica. Op. cit., p. 672.

[57] BRANDÃO, Ruth Silviano. *Mulher ao pé da letra*. Op. cit., p. 268.

[58] Idem, ibidem, p. 271.

[59] POMMIER, Gérard. *A ordem sexual*: perversão, desejo e gozo. Rio de Janeiro: Jorge Zahar, 1992, p. 34.

A personagem de Lúcio Cardoso não porta, desta forma, o nome legado pelo pai que a despreza. Também não incorpora o sobrenome da família do marido, uma vez que o nome de uma mulher casada pode ser visto sob a ordem do pseudônimo, quando esta se deixa "assinar" pelo desejo de um homem[60]. Nina sinaliza, pois, para o símbolo mais agudo da falta, evidenciando a necessidade – própria do feminino – de buscar outros ângulos, outras legendas.

Para Valdo, o responsável pela vinda da mulher que se transforma no objeto de fascínio dos moradores da chácara e até mesmo de Vila Velha, sua esposa ocupa a dialética cruzada do desejo e da morte. Nas palavras do próprio personagem, pode-se ouvir:

> De que modo brutal não amei esta criatura, no tempo em que a amava, para reconhecer e aceitar assim os signos da minha própria morte e as possibilidades da minha destruição? Ou – e aqui não ouso mais do que sugerir, sem ter coragem para ir mais longe – não terá sido precisamente isto, a imagem da minha morte, o que nela me arrebatou de modo tão decisivo? (p. 268)

Por se constituir como um ser desejante, Nina é perigosa. O que quer uma mulher? Esta questão relançada, e que nunca obtém resposta, remete ao misterioso desejo feminino, desejo puro e sem objeto assinalável[61]. Com sua aura de beleza, mistério e sedução, introduz o exercício da sexualidade no austero núcleo familiar, formado por seres aprisionados em seu orgulho e rigoroso sistema de vida.

O mais gentil dos Meneses, obviamente, não é capaz de delinear um "retrato" fidedigno daquela que o inquieta/aprisiona a partir da primeira troca de olhares:

> Sua figura impressionou-me desde esse instante, ou melhor, sua palidez, seu tom patético e nervo-

---

60 Idem, ibidem, p. 51.

61 NASIO, Juan David. *A histeria*: teoria clínica e psicanalítica. Rio de Janeiro: Jorge Zahar, 1991, p. 127.

> so. Não usava nenhuma pintura e vestia-se mais do que modestamente. Meu primeiro pensamento foi: "Tão bela e nunca será feliz". Por quê? Que força me levava a vaticinar coisa tão grave? (p. 105-6)

O desconhecimento em relação à mulher que ama metaforiza o não-saber relacionado ao seu próprio desejo. A este respeito, é importante lembrar o irredutível descentramento inerente ao ser de linguagem. No produtivo diálogo entre literatura e psicanálise, Lúcio Cardoso, pela voz de Valdo, corrobora esta premissa ao declarar: "ah, que mistério é a vida, e como são obscuros e sem sentido os motivos que orientam nossos gestos". (p. 498)

Nos encontros e desencontros de uma tumultuada relação conjugal, Nina vem ocupar diversos lugares. Em um determinado momento, é dada ênfase à sua "tristeza indevassável" (p. 107), o que leva a se pensar na histérica como um ser de medo, ao invés de alguém sempre às voltas com os artifícios da sedução[62]. Tristeza relacionada à incerteza de uma identidade sexuada, oriunda de uma sexualidade infantil, traumática e patogênica.

Tempos depois, diante da iminente partida da esposa, o inseguro marido expressa sua maior ofensa:

> Não sei por que castigo de Deus apaixonei-me e fiz de uma prostituta a mãe do meu filho. Porque você não passa disso, está ouvindo, Nina? Ninguém se engana com o seu rosto, está escrito nele, impresso a fogo: uma dessas quaisquer, que andam atrás dos homens pelas ruas... (p. 82)

Ao fazer referência à prostituta, reserva de gozo do mercado sexual[63], Valdo atualiza a dupla estratégia masculina – depreciação e supervalorização da mulher, como se observa no seguinte trecho:

---

[62] Idem, ibidem, p. 113. Nina pode ser definida como uma histérica pelo viés do mascaramento e da necessidade de afirmação da feminilidade, em sua permanente demanda dirigida ao Outro. Vale salientar, no entanto, que como categoria literária a personagem transcende tal caracterização.

[63] Idem, ibidem, p. 112.

> Mas, que eu viva cem anos, e que aprenda a calar e a conter os meus sentimentos, não posso imaginar que venha a conhecer outra mulher que possa me impressionar tanto. *Ela não era para mim a aventura, mas o acontecimento decisivo.* (p. 390 – grifo meu)

O confronto com Nina se dá sob o signo da maldição, da fatalidade, pois

> [...] a mulher é diferente do homem, eternamente incompreensível e misteriosa, estranha, e, portanto, aparentemente hostil. O homem teme ser enfraquecido pela mulher, contaminado por sua feminilidade e, então, mostrar-se ele próprio incapaz[64].

Nina causa dor – "que perturbação e que dor indizível sua presença me causava" (p. 141) –, deixando atrás de si o perfume[65] feminino e doce das violetas. E descortina diante do marido o aprisionamento a um destino do qual ele não consegue se desvencilhar.

É fato que se libertar da autoridade paterna é um dos maiores desafios que o indivíduo empreende ao longo de sua existência. Esta etapa específica é denominada por Freud de *romance familiar do neurótico*[66], momento no qual cada sujeito investiga o papel que lhe cabe na "fabulação" que envolve as circunstâncias do seu nascimento.

O contato com Nina evidencia que Valdo é incapaz de abandonar a segurança que os laços de família oferecem. O que advém como sintoma é o que Lacan designa de *neurose de destino*[67], estruturação psíquica que se manifesta através de toda uma gama de condutas de

---

[64] FREUD, Sigmund. "O tabu da virgindade". In: *Obras completas de Sigmund Freud.* Rio de Janeiro: Imago, ESB, 1976, vol. 11, p. 184.

[65] O perfume assemelha-se à uma presença espiritual e à natureza da alma. Simboliza também a memória e por isso é usado em rituais funerários.

[66] "A novela familiar do neurótico". In: *Obras completas de Sigmund Freud.* Rio de Janeiro: Imago, ESB, 1976, vol. 9, p. 244.

[67] LACAN, Jacques. *Os complexos familiares.* Rio de Janeiro: Jorge Zahar, 1987, p. 87.

fracasso, inibição, perda, em que é inevitável se reconhecer uma intenção inconsciente. É a ocasião na qual as pulsões recalcadas retornam com total fidelidade a uma encenação em que o sujeito não se reconhece como autor. Na fala do personagem:

> Ah, com que persistência se é o mesmo indivíduo, de que maneira idêntica o sofrimento se impõe, como se a dor fosse catalogada, e por desgraça nos tombasse em cima sempre do mesmo modo. (p. 394)

Na impossibilidade de enfrentar as incertezas do gozo para o qual seu desejo o empurra, ele apela a um Outro. Outro supostamente capaz de dirigir sua vida e que o faz renunciar ao direito de escolha, personificado na figura de Demétrio. Delega ao irmão as decisões relacionadas ao seu casamento, omitindo-se diante das insinuações de adultério e nada fazendo para evitar a partida de Nina. Temporariamente, opta pelo caminho do silêncio e aceita o convite ao sacrifício.

Em uma de suas reflexões, sintetiza o enigma da feminilidade que Nina parece incorporar:

> O que fora, o que representara para mim, quem era realmente. Sobretudo isto: sua verdadeira personalidade, seu ser despojado e vivo, aquele que decerto só em momentos muito difíceis viria à tona. Pois agora eu me achava convencido de que não a conhecera realmente, ou que pelo menos o que existia nela de mais real sempre escapara à minha percepção. (p. 496)

Não será forçada uma equiparação entre o estilo descritivo de Lúcio Cardoso e a representação feminina inconsciente que se "constitui por objetos parciais, por inscrições que se fazem uma a uma, como suplementos de um não-todo"[68]. É possível identificar o feminino na descontinuidade, nas fissuras do texto cardosiano. Merece destaque o fato de que, quando Nina exerce a função narrativa (o que

---

[68] BRANDÃO, Ruth Silviano. Op. cit., p. 67.

ocorre em apenas cinco capítulos, no total de cinqüenta e seis que integram a obra), isto se verifica através da narrativa epistolar. A fala da personagem central *inscreve-se* por intermédio de cartas endereçadas a dois homens – Valdo e o Coronel Amadeu Gonçalves. Escrever cartas configura-se como uma insígnia que aponta para o feminino, revelando um discurso fragmentário, no qual o sujeito da enunciação busca uma unidade impossível.

Diante desta instigante incompletude, o leitor/crítico, incansável criador de novos sentidos, é aprisionado ao feitiço da escritura, vivenciando a linguagem como o lugar do engodo e da trapaça. Na produção dos/as escritores/as, estes/as admiráveis criadores/as de metáforas, não existe palavra inocente e as várias versões de uma *verdade* também podem ser ditas no silêncio (interdito).

Os vazios semânticos da *Crônica,* os deslocamentos temporais e espaciais revelam que Nina é o movimento que se contrapõe à passividade dos Meneses, pois, como pensa o autor mineiro, "tudo que é saudável, flutua, brilha e não se deixa jamais apreender"[69].

O romance cardosiano descortina um universo no qual as personagens masculinas assumem posições secundárias em relação às personagens femininas, mulheres sedutoras dos mesmos homens – Valdo, Demétrio, Alberto e seu duplo André[70].

Nina, porosa a todas as linguagens, faz perceber os rumores do que o discurso não exibe claramente. André, seu provável filho e depois ardoroso amante, é proibido pelo suposto pai (Valdo) de fazer qualquer referência àquela que se ausentou do convívio familiar por quinze longos anos. Mas é fácil constatar que "o humano não pára de querer falar daquilo que não pode dizer (a mulher, a morte, o pai, etc.)"[71]. O que corrobora o ensinamento psicanalítico de que não basta ignorar os "demônios" interiores para fazê-los desaparecer, já que a personagem

---

69 CARDOSO, Lúcio. Op. cit., p. 67.

70 BESANÇON, Guy. "Notas clínicas e psicopatológicas". In: CARELLI, Mário (Coord.). *Crônica da casa assassinada*, edição crítica. Op. cit., p. 694.

71 ANDRÉ, Serge. *O que quer uma mulher?*. Rio de Janeiro: Jorge Zahar, 1987, p. 10.

> Sabia que não poderia indagar a seu respeito, que ninguém me diria coisa alguma, e ainda assim nenhum assunto me interessou mais do que aquele [...]. Nunca vira um retrato seu, nem pessoa alguma me falara a seu respeito. E que importava afinal como tivesse sido? – a única coisa importante é que um mistério pairava sobre sua vida [...]. Pois apesar desse silêncio e seu nome constar como uma coisa morta em nossa casa, tudo o que tocava, os lugares por onde transitava, o jardim e a varanda falavam a seu respeito. (p. 242-3)

O "herdeiro" dos Meneses aguarda o retorno da mãe idealizada e faz de Nina o objeto de seu desejo, que, mantido à distância e oferecendo-se à contemplação, ao olhar, desencadeia a palavra, uma vez que a fala surge para manifestar a falta. Na visão de André:

> Havia nela um requinte no acabamento, um toque misterioso em sua estrutura humana, que a faziam completamente diferente de todas as criaturas que eu pudesse imaginar. Nenhuma delas tinha aquela claridade aprisionada em sua pele, que parecia iluminá-la do interior... (p. 378)

Gérard Pommier postula que quando uma mulher abriga a causa do desejo de um homem, ela é, nessa medida, a vestimenta de sua fantasia. E se faz o suporte daquilo que é o desejo – a fantasia de um estranho[72].

Deste modo, é o sujeito desejante que atribui ao objeto o brilho daquilo que lhe é subtraído. O investimento objetal se efetua na linguagem, inscreve-se em termos do significante. No par André-Nina, pode-se afirmar que esta é fálica, fantasma[73] ou engodo, que visa obturar a *falta a ser* constituinte de toda criatura humana. A secreta interioridade da mulher, sua estranha imanência, confronta o homem/

---

[72] POMMIER, Gérard. *A exceção feminina*. Rio de Janeiro: Jorge Zahar, 1987, p. 10.

[73] Para a psicanálise, o fantasma é produto do desejo arcaico inconsciente, bem como matriz dos desejos atuais, conscientes e inconscientes.

filho com o enigma do feminino como origem, princípio, Eva/Ave que nasce do sonho de Adão:

> Tudo o que eu podia supor como atributo de uma fêmea, sua irradiação morna, seu cheiro de carne e de segredos conjugados, ali se encontrava junto a mim, e a mãe que durante dezesseis anos eu não conhecera, em vão invocava naquele instante, em vão repetia o seu nome, e dizia-lhe a responsabilidade e o respeito, a ternura e a veneração – cego, perdido, tudo se aniquilava no fundo do meu ser arrepiado e em confusão. (p. 223)

É sabido que o *objeto do desejo* ou *objeto causa do desejo*, o que Lacan denomina de *objeto a*, não faz parte do mundo. Constituído a partir de operações mentais, não se encontra inserido na realidade. Esta construção imaginária, que escapa à lógica significante, é um conjunto de fantasias, imagens, simulacros que envolvem o real do corpo do/a outro/a amado/a[74]. Fruto de uma impossibilidade – impossibilidade de reintegração à mãe primordial –, o objeto do desejo resulta de uma situação de perda. Perda de fragmentos corporais que se desligam e se separam do corpo ao preço da ação da fala (desmame simbólico), uma vez que é sempre uma fala que os separa do corpo[75]. Assim, de acordo com diversos estágios de sua evolução, o sujeito consome e perde a placenta, o seio, os excrementos, o olhar, a voz, a dor – diferentes tipos de *objeto a*.

Nasio, ao teorizar sobre o "eleito" do desejo, enfatiza o seu caráter ambíguo, o traço de desconhecimento que o marca de forma definitiva:

> O espelho psíquico que a imagem do eleito é no meu inconsciente não deve ser pensado como a superfície lisa do gelo, mas como um espelho frag-

---

[74] NASIO, Juan David. *Cinco lições sobre a teoria de Jacques Lacan*. Rio de Janeiro: Jorge Zahar, 1993, p. 99.

[75] Idem, ibidem, p. 103.

> mentado em pequenos pedaços móveis de vidro, sobre os quais se refletem, confundidas, imagens do outro e imagens de mim[76].

No envolvimento com Nina, permeado de repulsa/fascinação, paz/angústia, dor/êxtase, André demonstra não recuar ante a tensão inerente ao arrebatamento amoroso. A força indestrutível do desejo leva-o a buscar o encontro com o ser amado. Mas, na tentativa desenfreada da fusão com o outro, somos sempre remetidos a nós próprios, pois "o amor, se é verdade que ele tem relação com o Um, não faz ninguém sair de si mesmo"[77]. Assim, tem-se a estupefação e o assombro diante do *obscuro objeto do desejo*, já que a demanda de amor, inevitavelmente, erra o seu alvo:

> Ah, que importava naquela altura que ela fosse boa ou má? Quem jamais lhe perguntara o que quer que ela fosse? Fora dela, que representavam esses conceitos para mim? Ela, somente ela tinha importância, e era o peso e a medida do que para mim fosse o bem e o mal. (p. 458)

Octavio Paz acredita que o "Outro nos repele: abismo, serpente, delícia, monstro belo e atroz"[78]. O ser que mais se ama é também aquele que provoca a maior insatisfação; o outro do amor assume o papel do outro das acusações. No dizer de André: "infeliz de mim que fui me apaixonar por uma mulher sem piedade, sem coração, sem nada! Que espécie de criatura é você, uma à toa, uma ordinária?" (p. 457).

É viável pensar que aquilo que um homem deseja é que uma mulher possa vestir a fantasia de *objeto a* por ele esboçada. Ao encarar a feminilidade como aventura, o sujeito se depara com o impossível do *rapport* sexual, uma vez que não existe simetria entre os conjuntos

---

[76] NASIO, Juan David. *O livro da dor e do amor*. Rio de Janeiro: Jorge Zahar, 1997, p. 47.

[77] LACAN, Jacques. *Seminário 20*: mais, ainda. Rio de Janeiro: Jorge Zahar, 1985. p. 64-65.

[78] PAZ, Octavio. *O arco e a lira*. Rio de Janeiro: Nova Fronteira, 1982, p. 160.

masculinos e femininos. Apesar disto, a incompletude do ser de linguagem o empurra, inapelavelmente, para os braços do parceiro/a, na tentativa de vivenciar a experiência de satisfação e de gozo.

A luminosidade de Nina, revestida com os atributos da sedução, reacende no corpo de André a fagulha do desejo, ação eletrizante que o põe em movimento e o faz crer que a figura por ele idealizada é a "súmula" de todas as mulheres.

Ao discorrer sobre a feminilidade, Lacan assegura que há alguma coisa na mulher que escapa ao discurso[79]. A personagem central do romance cardosiano parece resistir a toda e qualquer nomeação. Seria um anjo ou um demônio? Tal questionamento faz proliferar os mais contraditórios relatos. No discurso de Betty, Nina assume facetas antagônicas: "recusava-me a acreditar que aquele ser tão belo, e que carinhosamente me chamava de sua amiga, fosse uma mulher baixa, de sentimentos infrenes e despudorados". (p. 279)

Em *Crônica da casa assassinada*, Demétrio é o incontestável chefe do clã mineiro. Autoritário, intransigente, arraigado às tradições, coordena e controla a vida na chácara. Embora não tome a palavra diretamente – sua voz é apenas relatada – modela Ana (sua esposa) como uma Meneses e determina o tratamento a ser dispensado a Nina e a Timóteo[80]. O interdito que permeia o seu comportamento evidencia que onde não há fala, existe espaço para gestos, movimentos, atitudes (Real)[81]. E mesmo quando se sabe que nenhum significante se produz como eterno, vale mencionar que o desenvolvimento de uma cadeia discursiva tem como produto a causa do desejo e como efeito o sujeito dividido[82].

---

79 LACAN, Jacques. *Seminário 20*: mais, ainda. Op. cit., p. 46.

80 ALBERGARIA, Consuelo. "Espaço e transgressão". In: CARELLI, Mário (Coord.). *Crônica da casa assassinada*, edição crítica. Op. cit., p. 687.

81 O conceito de Real refere-se àquilo que, para um sujeito, é expulso da realidade pela intervenção do simbólico. Definido como o impossível, o real é tudo que não pode ser simbolizado na palavra ou na escrita e, como tal, não cessa de não se inscrever.

82 POMMIER, Gérard. *A exceção feminina*. Op. cit., p. 80.

Para Demétrio, Nina representa uma "anormalidade", uma "excrescência", num ambiente onde o novo não tem lugar. Mas a mulher inquieta, irritadiça, amante do luxo, elegante e sedutora, é capaz de desencadear uma avassaladora paixão no homem antes circunspecto e senhor de si. Ocorre que, ao rejeitar o cunhado, ela transforma-se no mal que deve ser extirpado a qualquer preço.

Constata-se que o absurdo caracteriza o envolvimento amoroso. A este respeito, as pesquisas psicanalíticas esclarecem que a pessoa amada é uma imagem, um corpo, é o representante de uma história, de um conjunto de experiências anteriormente vivenciadas. O objeto de amor porta uma marca comum, veicula o "traço" presente em todas as pessoas amadas ao longo de uma vida. E este traço designa o próprio sujeito, constituído através do enfrentamento com os objetos amados e também perdidos. Disso se deduz que a relação amorosa é essencialmente narcísica. É bom que se frise, ama-se o prazer que o ente amado pode proporcionar.

Jacques Lacan declara que *amar é dar o que não se tem a alguém que não o quer*[83], enfatizando o caráter cômico do engodo imaginário. O mal-entendido seria não o fracasso do amor, mas a dimensão na qual ele inevitavelmente se desenvolve, pois a mulher se faz passar pelo que não é (mascarada fálica), e o homem exibe o que não tem.

É dentro desta ilusão problemática que se instala o "enlouquecimento" de Demétrio por Nina. Freud, em *Luto e melancolia*, fala do amor relacionando-o com a morte, pois quanto mais violento é o desejo, mais terrífica se torna a possibilidade do abandono.

Não se deve esquecer que "o amor pertence à ordem (dionisíaca) do Lance de dados"[84]. E, na trama de *Crônica da casa assassinada*, Nina comete um deslize. Envolve-se com Alberto, o jardineiro da chácara,

---

[83] LACAN apud DORGEUILL, Claude et al. *Dicionário de psicanálise*: Freud & Lacan: 1. Salvador: Ágalma, 1994, p. 17.

[84] BARTHES, Roland. *Fragmentos de um discurso amoroso*. Rio de Janeiro: Francisco Alves, 1994, p. 85.

um "homem louro, moço, embriagado de si mesmo e da existência como um frágil deus pagão". (p. 550)

Naquele ponto da narrativa, revela-se com toda nitidez o imbricamento do amor e ódio – *amódio* – ou amor e morte. Diante da possibilidade da perda, Demétrio entrevê na esposa de Valdo uma ameaça à sua tranqüilidade e integridade, o que reafirma a constatação de que a economia amorosa muda com o próprio significante e não com a pessoa amada, que pode continuar a mesma[85]. Destituída de sua posição de *Ideal do Eu*, Nina assume o aspecto de um perigo real. Instala-se o dilema de amar odiando. O texto de Lúcio Cardoso, através das reflexões da personagem central, ilustra este estado psíquico:

> [...] sempre houve em Demétrio um elemento que nunca cheguei a compreender: ele me odiava de um modo acima do comum, como se me acusasse permanentemente de um crime que eu estivesse cometendo, e que na verdade eu ignorava totalmente qual fosse. Ele me odiava de um ódio que oscilava em suas esferas, e ia do sentimento de entusiasmo mais exaltado, à mais completa repulsa. (p. 88)

A sabedoria popular diz que se pode "morrer de amor". Isto leva a pensar em amor e morte como entidades visceralmente antagônicas, porém indissoluvelmente unidas, sendo possível distingui-las, mas não dissociá-las. O ser de fala é, pois, condenado a viver entre o encanto do amor e o desencanto da morte[86].

O sentimento amoroso, com suas sombras e obscuridades, manifesta-se em Demétrio como uma doença, um mal físico insuportável. É o que se deduz de sua atitude na agonia de Nina, quando esta retorna a Minas vitimada de câncer e vive seus últimos dias na chácara.

---

[85] POMMIER, Gérard. *A exceção feminina*. Op. cit., p. 82.

[86] CORRÊA, Ivan. "Amor-te: um par ordenado?" In: ANAIS DO I CONGRESSO INTERNACIONAL DE PSICANÁLISE DA BAHIA. Org. de Urânia Tourinho Perez e Maria Tereza Ávila Dantas Coelho. Salvador: 1998, p. 325, passim.

O antigo apaixonado não espera que ela exale o suspiro final, ordenando que a levem, sem demora, para o velório. Em seguida, arranca literalmente de armários e gavetas os pertences da mulher que o desprezou, manifestando uma violência contida durante anos.

No curso de sua existência, Demétrio depara-se com a ameaça que o confronto com o feminino pode suscitar. Ao negar que "a mulher é o falo de um homem, o centro de seu sonho e o símbolo da pura diferença"[87], torna-se refém de profunda angústia. Evocando a imagem de Eros, o deus mitológico, pode-se dizer que é atingido por flechas, que ferem de morte os que se deixam tocar pelo amor.

Diante do indefinível da feminilidade, o que se pode esperar do confronto entre "dois seres que se alinham sob a bandeira das mulheres?"[88]. O embate entre Ana e Nina tem início com um olhar, um "significativo olhar largado do alto e cheio de espantoso desdém". (p. 69)

A jovem "escolhida" para desposar Demétrio foi desde criança moldada para se tornar uma Meneses. Sua própria mãe exibia com orgulho a figura despojada de qualquer identidade, obrigando-a a assumir uma postura de obediência diante do marido. No relato da apática criatura:

> [...] me esforcei para tornar-me o ser pálido e artificial que sempre fui, convicta do meu alto destino e da importância que para todo o sempre me aguardava na casa dos Meneses. (p. 120)

Consuelo Albergaria assinala que Ana encarna um tipo bastante difundido na ótica dos autores mineiros. Integrando a galeria de personagens femininas, coloca-se ao lado de Maria Behú, de Guimarães Rosa, e de extensa lista de mulheres criadas por Cornélio Pena, "seres da noite e da morte, presas do imobilismo que se acham acorrentadas pela prepotência dos machos aos quais devem obediência"[89].

---

87 POMMIER, Gérard. *A exceção feminina*. Op. cit., p. 132.

88 LACAN, Jacques. *Seminário 20*: mais, ainda. Op. cit., 1985, p. 98.

89 "Espaço e transgressão". In: CARELLI, Mário (Coord.). *Crônica da casa assassinada*, edição crítica. Op. cit., p. 688.

Ana Meneses incorpora tão fortemente os valores familiares que chega a se confundir com uma "peça" ou um "detalhe" dos móveis do antigo casarão. Por muitos é descrita como um ser destituído de graça, em que tudo parece evocar a opacidade. Na percepção de Betty, "era impossível assisti-la sem imaginar que concentrava em sua reserva toda a reprovação e todo o sentimento das tradições da chácara". (p. 274)

O surgimento de Nina vem abalar os frágeis alicerces sobre os quais seu universo se estrutura. O confronto com a oponente obriga-a a lançar um severo olhar sobre si:

> Olhei-me depois ao espelho e assustou-me a minha palidez, meus vestidos escuros, minha falta de graça. Repito, repito indefinidamente, era a primeira vez que aquilo me acontecia e eu fitava minha própria imagem como se estivesse diante de uma estrangeira. (p. 124)

Lacan descreve uma etapa crucial da estruturação do eu, denominada *Estádio do Espelho*. Este momento evolutivo tem por base uma identificação com uma imagem – relação dual, própria ao imaginário[90]. O ser de fala se reconhece, inicialmente, diante de um espelho, metaforizado pelo olhar da mãe. É o reconhecimento por parte da figura materna que leva o sujeito a integrar a vivência de um corpo perfeito e ordenado.

Vivência inaugural totalmente diversa da experiência anterior de caos e desorganização internos. Ao mirar a imagem do espelho, o infante tenta estruturar a síntese entre o corpo perfeito que vê e o corpo despedaçado que experimenta. Processo que demora a se realizar e se efetiva sempre de forma precária, inconstante, voltando a inquirir a criança e o adulto por toda a vida.

Isto leva a constatar que a existência do sujeito falante é referendada pela presença do Outro, capaz de reafirmar sua "inscrição" no mundo, uma vez que

---

[90] O imaginário, neste contexto, integra o conjunto terminológico elaborado por Lacan: Real, Simbólico e Imaginário. É o registro do engodo, da identificação, com tudo que comporta de desconhecimento, amor e agressividade.

> Ignoro o que queriam dizer as primeiras palavras ouvidas; sei apenas que elas me pediam algo e que, tentando ficar à altura disso, assim me assemelhando àquilo que ignorava, esqueci minha própria aparência, cuja lembrança só me volta graças ao espelho, ao olhar do semelhante, ao amor[91].

Presa ao reflexo especular que constitui/desconstitui, Ana revela sentimentos de rancor e intolerância, pois a aparição de Nina possibilita uma reedição de sua passagem pelo espelho. Ao se confrontar com a ameaça ao seu frágil equilíbrio psíquico, declara:

> Cadela das ruas, dizia eu comigo mesma, prostituta da mais baixa espécie – ser anormal e monstruoso – e no entanto, que importava? Mulher, e terrivelmente mulher no seu desvario. (p. 358)

Apesar disto, sente necessidade da força, beleza e onipotência de Nina para continuar vivendo. Inveja "aquele ímpeto bruto, aquela cegueira na conquista de seus apetites". (p. 330) E se deixa corroer pelo ciúme.

Na escrita de Lúcio Cardoso, Nina é uma representação da mulher, exibindo os atributos imaginários relativos ao sexo feminino[92]. Suas belas roupas, seus cabelos bem cuidados, o "tênue perfume de violetas" são signos que vêm compor o *corpo feminino*.

Sabe-se que é através desses artifícios que ela será alvo de todos os olhares. E não se deve esquecer que o "olhar" do outro para o sujeito é, por excelência, um dos objetos do desejo. Nina deseja ser vista como "A mulher", teatralizando a feminilidade. O teórico Serge André afirma que:

> [...] à falta de ter o falo, a mulher cuida particularmente de sua imagem corporal de tal sorte que esta chega a adquirir o valor de falo: à falta de ter

---

[91] POMMIER, Gérard. *A ordem sexual*: perversão, desejo e gozo. Op. cit., p. 48.

[92] BRANDÃO, Ruth Silviano. Op. cit., p. 246.

> o signo identificatório do pênis, ela tem um corpo feminino[93].

O ciúme de Ana, pois, pode ser explicado pelo fato de a rival possuir um *quê* que a torna irresistível, capaz de captar magicamente o desejo masculino[94]. A tentativa de apreender esta insígnia que não existe leva as mulheres a rastreá-la umas nas outras, de forma incessante:

> A todo momento examinava os sapatos antigos que calçava, as velhas roupas sem graça, meus modos exatos, meu sorriso sem juventude – e vinha-me uma curiosidade de saber como se trajava Nina, como aprendera a discernir e escolher aquelas coisas, seus hábitos, o que nela tanto atraía os homens. (p. 126)

O mistério da feminilidade é, e não poderia ser de outra forma, alimentado pelo desejo masculino, pois o que uma mulher ama não é propriamente o pretendido parceiro, mas o desejo que ele nutre por outra. Aqui cabe o ensinamento de Lacan, quando designa o desejo humano como *desejo de desejo*.

Na busca de uma possível "essência" do feminino, Ana se deixa aprisionar pelo fascínio de Nina[95]. A Outra mulher assume a encarnação da própria feminilidade. Afinal, quem mais poderá saber o que é um "corpo de mulher"? Quem deterá o enigma do que significa "ser uma mulher"?

Nina, com um corpo marcado pelo equívoco, aponta para o narcisismo diferenciado do sexo feminino, pois é a pulsão escópica que vem governar a libido feminina[96]. Com um investimento superior na imagem corporal, a mulher se embeleza toda, numa tentativa de dar forma e materialidade ao traço instável de sua silhueta. Deste

---

93 SERGE, André. *O que quer uma mulher?*. Op. cit., p. 115 (grifo do autor).

94 Idem, ibidem, p. 177.

95 BRANDÃO, Ruth Silviano. Op. cit., p. 279.

96 LEMOINE-LUCCIONI, Eugénie. *A mulher... não-toda*. Rio de Janeiro: Revinter, 1995, p. 65.

modo, utiliza-se de "caixas, fitas, chapéus, esses *nadas* que sempre me acompanham e tanto me ajudam". (p. 40 - grifo meu) O que induz a pensar que

> Tais índices do feminino são os da vacuidade. A voz, o olhar ausente ou furtivo, o andar ensinam ao passante que a fantasia pode encontrar ali seu lugar, que ela já o encontrou. O penteado, as jóias, o vestido, o perfume são adornos inessenciais que margeiam o furo[97].

A psicanálise assegura que cada sujeito/criador modela os significantes com que vai construir seu objeto. A feminilidade, como o desejo, escapa às palavras, pois a mulher não tem identificação, mas identificações que sinalizam para a inexistência de um protótipo feminino.

O significante fálico, como referência única, não circunscreve o que vem a ser a feminilidade propriamente dita. A metáfora paterna é insuficiente para atribuir a um sujeito o seu lugar de mulher[98].

Diante disto, é fácil entender a proliferação de discursos referentes a Nina. Como personificação da feminilidade em sua vertente de fascínio e ameaça, ela é "falada" pelo viés da subjetividade de cada personagem-narrador. E como a linguagem e a diferença dos sexos são contemporâneos[99], as inúmeras ficções sobre Nina e o feminino se entrelaçam.

A partir de uma análise da personagem, depreende-se que a "estrangeira" que invade o aprisionante universo dos habitantes de Vila Velha sinaliza para o fato de que o "feminino, criação artística e psicanálise dizem respeito à Outra cena, àquilo que permanece excluído da objetividade e materialidade dos fatos"[100]. E induz à abertura das cadeias significantes. Tal desdobramento discursivo tem por função suturar a *spaltung*[101] do sujeito falante, sujeito perdido em seu dizer, que transborda/tropeça nas próprias palavras.

---

97 POMMIER, Gérard. *A exceção feminina*. Op. cit., p. 33.

98 ANDRÉ, Serge. Op. cit., p. 181.

99 LEMOINE-LUCCIONI. Op. cit., p. 53.

100 ASSOUN, Paul-Laurent. *Freud e a mulher*. Rio de Janeiro: Jorge Zahar, 1993, p. 1.

101 O termo *spaltung* refere-se à divisão inerente ao ser de linguagem, alienado do seu desejo inconsciente e dividido entre sujeito do enunciado/sujeito da enunciação.

Capítulo III

O Enigma do Feminino

Historicamente, o discurso da ausência é sustentado pela Mulher: a Mulher é sedentária, o Homem é caçador, viajante; a Mulher é fiel (ela espera), o homem é conquistador (navega e aborda). É a mulher que dá forma à ausência: ela tece e ela canta; as Tecelãs, as "chansons de toile", dizem ao mesmo tempo a imobilidade (pelo ron ron do tear) e a ausência (ao longe, ritmos de viagem, vagas marinhas, cavalgadas).

Roland Barthes

Na tessitura do discurso dos vários personagens da *Crônica*, Nina (como representação do feminino) compõe-se de pedaços, de fragmentos. Ao encarnar o jogo do que se mostra e do que se esconde, resvalando da imagem à palavra, provoca ambigüidade e espanto. Pode-se afirmar que diante das mulheres suscita inveja, frente aos homens produz medo.

No fio condutor da narrativa de Lúcio Cardoso observa-se uma destituição da autoridade simbólica paterna, enquanto que ao feminino é dado o lugar da morte. A este respeito, Enaura Rosa e Silva declara que o texto cardosiano privilegia o feminino, mas o identifica com o mal[102]. O nome da matriarca da família Meneses – D. Malvina – já aponta para mal-vinda, má sina, malina. Tais deslizamentos significantes desembocam na identificação de Nina com o que a psicanálise designa por *Unheimlich*, fato destacado por Ruth Silviano Brandão[103].

---

[102] ROSA E SILVA, Enaura Quixabeira. *A alegoria da ruína*: uma análise da Crônica da casa assassinada. Maceió: HD Livros, 1995, p. 69.

[103] BRANDÃO, Ruth Silviano. Op. cit., p. 241.

O romance em referência revela a crueldade da linguagem, com sua face de luz e sombra. O mistério que envolve Nina/mulher induz à tentativa de *des-velar*, levantar o véu das palavras que circunscrevem a feminilidade, embora se saiba que nenhum sujeito pode dominar o significante.

Freud, em vários momentos da sua produção teórica, confere ao feminino um aspecto irracional, misterioso e, até mesmo, perigoso. Pensando-se a mulher como mãe, fica fácil entender que, no imaginário infantil, a posição feminina pode estar vinculada ao mal. Isto se deve ao fato de que, a nível de fantasia, aquela que engendra a vida pode também suprimi-la. A mãe, para a psicanálise, é ponto de entrecruzamento de vida, morte, fecundidade e esterilidade. A potência materna de garantia ou loucura[104] exibe o risco do devoramento, da indiferenciação, do mergulho mortificante no desejo do Outro. Desta forma, não há como distinguir as duas vertentes da feminilidade; fadas ou feiticeiras, divinas ou demoníacas, as mulheres serão sempre estigmatizadas.

No universo da *Crônica*, Nina ameaça antes de tudo por personificar o novo, o que foge aos padrões morais e sociais instituídos e, como tal, é susceptível de abalar o imobilismo reinante. O foco narrativo múltiplo, com a diversidade de perspectivas a ela relacionadas, evidencia que:

> Sua aparição é gradativa, ocupando as margens, lentamente saindo das sombras para a fixação que o romancista impõe com segurança. Em torno da concentração de aspectos, dos mais cotidianos aos mais estranhos, a mulher cumpre sua vida e o que se alcança é a personalidade no fundo mesmo do nevoeiro[105].

---

[104] JULIAN, Philippe. *A feminilidade velada*: aliança conjugal e modernidade. Rio de Janeiro: Companhia de Freud, 1997, p. 32.

[105] FILHO, Adonias. "Crônica da casa assassinada". In: CARELLI, Mário (Coord.). *Crônica da casa assassinada*, edição crítica. Op. cit., p. 770.

A jovem que surge de um outro mundo faz com que a família Meneses se depare com o que tenta ignorar. É fato que todos se enxergam em Nina. Como alteridade radical, ela traz à tona a questão da visibilidade e põe o outro diante daquilo que desconhece. Este movimento tem o efeito de um confronto com o terror e pode ser equiparado ao *retorno do recalcado*.

A governanta Betty, que oscila entre a fascinação e o medo no contato com a "patroa", escreve no diário:

> Pela primeira vez, e de um modo insistente, insinuante, eu sentia o que realmente era a presença daquela mulher – um fermento atuando e decompondo. Possivelmente nem ela própria teria consciência disto, limitava-se a existir, com a exuberância e o capricho de certas plantas venenosas; mas pelo simples fato de que existia, um elemento a mais, dissociador, infiltrava-se na atmosfera e devagar ia destruindo o que em torno constituía qualquer demonstração de vitalidade. (p. 280)

Observa-se que Nina, ao mesmo tempo que representa um "frêmito de existência" na modorrenta vida da chácara, sinaliza para o perigo do *estranhamento familiar*.

O texto freudiano *O estranho* discorre sobre a ambigüidade que certos conceitos assumem na vida psíquica. Ao tomar o vocábulo alemão *Unheimlich*, que em português teria a tradução aproximada de "estranho", Freud esclarece que esta palavra simboliza o que é secretamente familiar (*Heimlich*), mas que foi submetido ao processo de recalcamento, para depois retornar à consciência. Segundo o teórico da psicanálise, o estranho provém, invariavelmente, da irrupção de um significante que foi recalcado. É válido assinalar que em árabe e hebreu estranho é sinônimo de demoníaco, horrível. E o prefixo "un" é denotativo de misterioso, sobrenatural, do que desperta horrível temor.

Diante dos Meneses, Nina é a "estranha" por trazer à luz os significantes familiares submetidos ao recalque. Pode-se dizer que se constitui um elemento desestabilizador na fabulação da *Crônica da casa assassinada*. Sua aparição possibilita que aspectos, características, vicissitudes, verdades estabelecidas, ancestrais renegados tenham acesso à elaboração simbólica, através do discurso de determinadas personagens. Ela aponta para o indizível do desejo inconsciente, com tudo o que comporta de sedução e medo, pois é próprio do humano temer o que mais deseja.

Em carta endereçada a Padre Justino, o pároco de Vila Velha, Valdo apresenta as impressões da inquietude provocada por Nina:

> Porta-se como todo mundo, conversa, passeia – e no entanto, Senhor Padre, há nela qualquer coisa dúbia, e por que não dizer, perigosa, é como se estivesse pronta a uma revolução ou a um assalto, que pressentíssemos isto, sem poder indicar a data precisa. Adivinhamos a atmosfera subversiva, mas não existe nenhuma prova que possa condená-la. (p. 265)

A mulher que "não se deterá nunca, pela simples razão de que ela não sabe se deter; é um elemento estranho, uma força em ação" (p. 265), identifica-se à pulsão desenfreada. Nina é incontrolável como tudo o que foi banido da cadeia discursiva e busca vias de retorno.

O que subjaz às palavras de Valdo sinaliza para as três inevitáveis relações que o homem estabelece com o sexo feminino. Com o estatuto de enigma absoluto, a mulher assume o papel daquela que dá à luz, da companheira (escolhida segundo o modelo materno) e, por fim, da Mãe-Terra, que acolhe o filho ao término da existência[106].

Este desdobramento do feminino reafirma a premissa de Simone de Beauvoir de que "não há uma só representação da mulher que não engendre de imediato a imagem inversa: ela é a Vida e a Morte, a Natureza e o Artifício, o Dia e a Noite"[107].

---

[106] FREUD, Sigmund. "O tema dos três escrínios". In: *Obras completas de Sigmund Freud*. Rio de Janeiro: Imago, ESB, 1976, vol. 12, p. 379.

[107] BEAUVOIR, Simone de. *O segundo sexo*. Rio de Janeiro: Nova Fronteira, 1980, vol. 1, p. 230.

O medo do homem, ao se confrontar com a impotência do saber para definir a feminilidade, encontra ressonância nos atributos fálicos da *beleza*. Georges Devereux assegura que ninguém melhor que Homero para expressar o quanto a beleza perfeita tem relação com o terror da morte[108].

Os velhos da Tróia sitiada vêem passar Helena, a quem atribuem todos os males. A filha de Zeus e de Leda, considerada a mulher mais bela do mundo, assediada por um sem-número de pretendentes, escolhe Menelau como parceiro. Páris, no entanto, com a ajuda de Afrodite, rapta-a e a leva para Tróia, desencadeando a famosa guerra.

Lacan, por sua vez, alerta para a feição enganadora das imagens. Ao entrever na beleza um véu que encobre a morte, o psicanalista acredita que "o belo tem por efeito suspender, rebaixar, desarmar, diria eu o desejo. A manifestação do belo intimida, proíbe o desejo"[109]. De acordo com o ensinamento lacaniano, o belo tem a função de corte, de suspensão, ao mesmo tempo em que algo se produz. A visão da beleza causa espanto e provoca o desvio significante, sinalizando para os efeitos da sublimação[110]. E uma vez que remete à completude, equipara-se à ação paralisante da morte.

A beleza de Nina, traço marcante na construção da personagem, instala singular atmosfera, suscitando inúmeras reflexões. De acordo com a observação de Betty:

> Não havia apenas graça, sutileza, generosidade em sua aparição: havia majestade. Não havia apenas beleza, mas toda uma atmosfera concentrada e violenta de sedução. Ela surgia como se não permitisse a existência do mundo senão sob a aura de seu fascínio – não era uma força de encanto, mas de magia. (p. 61-62)

---

[108] DEVEREUX, Georges. *Mulher e mito*. Campinas: Papirus, 1990, p. 58.

[109] LACAN, Jacques. *Seminário* 7: a ética da psicanálise. Rio de Janeiro: Jorge Zahar, 1991, p. 289.

[110] Os efeitos da sublimação serão discutidos com maior profundidade, ao longo do quarto capítulo.

André, que acredita não poder "fugir à embriaguez do seu perfume, nem à força de sua presença" (p. 222), declara acerca da mãe/mulher:

> Jamais vira ser tão belo, e não era uma beleza isolada, uma soma de traços e perfeições – era um conjunto formado de tudo o que participava dela, desde os cabelos, os olhos, a pele, até a menor vibração que escapava do seu ser. (p. 225)

Mas é Valdo quem explicita o estreito vínculo que une beleza e horror:

> Mas não é a beleza o que impulsiona em nós a mola de qualidades mais ou menos adormecidas – e nos dá ante sua visão, a medida que muitas vezes encontra seu termo no pasmo ou no terror, na atração ou na repulsa? (p. 497)

O sentimento "levemente intoxicante" da fruição do belo corrobora a assertiva de Freud de que a beleza não conta, no contexto da civilização, com um emprego evidente[111]. A inutilidade do belo não impede, no entanto, que o humano busque reverenciá-lo.

Na obra de Lúcio Cardoso, a fala de Betty relaciona a figura de Nina com o enlevo provocado pela contemplação das produções artísticas: "não, aos meus olhos ela não era um simples ser humano, mas uma coisa construída, uma obra de arte". (p. 367)

Percebe-se que a "montagem" dos diversos atributos relativos à personagem em análise é puro efeito de significantes e não resulta do conhecimento de determinados fatos. Reafirmando a aliança da feminilidade com a morte, Nina constitui-se um tabu, pois é característico do ser de cultura instituir um tabu quando teme algum perigo[112]. Des-

---

[111] FREUD, Sigmund. *O mal-estar na civilização*. In: Obras completas de Sigmund Freud. Rio de Janeiro: Imago, ESB, 1976, vol. 21, p. 102.

[112] FREUD, Sigmund. "O tabu da virgindade". O. cit., p. 185.

sa forma, pode-se pensar que, ao se contrapor à metáfora fechada do falo, toda mulher é tabu.

O feminino, lacuna demarcada no discurso psicanalítico, aponta para a feminilização que é inerente ao *falasser* no confronto com a linguagem e o Outro materno. É importante assinalar que o primeiro contato que a criança estabelece é com o corpo e a voz da mulher. O invólucro de pele do sujeito falante, como papiro privilegiado, passa a receber as insígnias do desejo da mãe. Tempos depois, este é instado a responder à inevitável questão: masculino ou feminino? O que é que eu sou?

A teoria freudiana ensina que os destinos da sexualidade emergem a partir do desejo. E como se sabe que todo vivente um dia amou um homem e uma mulher, é lícito entrever na bissexualidade o eixo fundamental do erotismo.

Philippe Julien postula que a sexualidade humana, ao colocar em cena a polaridade masculino/feminino, atribui à diferença sexual um caráter de violência[113]. É interessante esclarecer que a sexualidade é traumática por si só. Basta lembrar o encontro do sujeito com o caos pulsional, a imaturidade orgânica do pequeno organismo, bem como a inadequação dos primeiros objetos de amor e desejo.

Sabe-se que é apenas no século XVIII que o discurso da diferença sexual se constitui, forjado a partir de um conjunto de saberes – médico, filosófico e moral – que intentam delinear uma diferença de "essência" entre o masculino e o feminino[114]. O próprio Freud, que constata tardiamente que ninguém nasce mulher – esta condição é construída –, no início de suas pesquisas acredita no dogma da posição masculina.

O enigma do que distingue homens e mulheres encontra-se, pois, atrelado à manifestação da bissexualidade. Nas palavras do fundador da psicanálise: "determinada parte disso que nós, homens, chama-

[113] JULIEN, Philippe. Op. cit., p. 76.

[114] BERLINK, Manoel Tosta (Org). Op. cit., p. 109-110.

mos de 'o enigma da mulher', pode, talvez, derivar-se dessa expressão da bissexualidade na vida da mulher"[115].

E uma vez que se trata da existência de libido única, que se distribui de maneira uniforme por todos os objetos, com modalidades de satisfação ativas e passivas, conclui-se que "as reações de indivíduos humanos de ambos os sexos se constituem de traços masculinos e femininos"[116].

A bissexualidade, disposição inata do ser de fala, coloca-se em primeiro plano mais claramente nas mulheres. Para a menina não representam perigo as identificações com os atributos da masculinidade. Ao longo do desenvolvimento sexual, ela é induzida a mudar de zona erógena (clitóris – vagina) e de objeto de amor (mãe – pai), enquanto o menino os mantém. O fundamento feminino que marca a sexualidade é facilmente incorporado pela mulher, que transpõe as fronteiras fálicas e se depara com o "vazio" que caracteriza o seu sexo.

Para o conjunto masculino, no entanto, a aproximação entre as características sexuais transforma-se em fonte de angústia. A feminilidade, ao negar o referencial fálico, confronta o sujeito com o inefável do desejo, levando a crer que o "ser homem", bem como o "ser mulher" são construções incertas.

Assim, o homem aprende a manter a mulher à distância, a fim de sustentar o logro da falicidade. Apesar disto, ele a interroga como o possível lugar da *verdade* e:

> Quando ela responde, é como a Pítia, como a feiticeira, como vidente, como mística. Diz o que as vozes lhe dizem. Não fala em seu próprio nome. Talvez não seja sujeito. Guardiã dos túmulos, desde Antígona o sabemos, mantém-se às portas da vida e da morte; e, a partir daí, escuta alguma coisa[117].

[115] FREUD, Sigmund. "Novas conferências introdutórias sobre psicanálise". In: *Obras completas de Sigmund Freud.* Rio de Janeiro: Imago, ESB, 1976, vol. 22, p. 161.

[116] FREUD, Sigmund. "A dissolução do complexo de Édipo". In: *Obras completas de Sigmund Freud.* Rio de Janeiro: Imago, ESB, 1976, vol. 19, p. 317.

[117] LEMOINE-LUCCIONI. Op. cit., p. 46.

A mulher, que se define pela ausência do significante fálico, personifica a existência de outra forma de satisfação e de gozo[118]. Serge André assegura que o enigma da feminilidade assume uma dupla função dependendo do sexo: faz falar os homens e calar as mulheres[119].

O silêncio que cerca o feminino denuncia que a linguagem se interpõe entre o sujeito e o corpo. O gozo é um produto da linguagem, por isso os desejos masculinos e femininos apresentam orientações diversas.

Lacan propõe uma diferenciação entre o gozo masculino – o gozo fálico – e o gozo feminino – *gozo Outro* –, ambos marcados pela falta e não pela plenitude. O *gozo Outro*, como especificidade do feminino, escapa às redes de linguagem. A mulher goza e silencia, pois não existem palavras para dizer o gozo. Na perspectiva masculina, isto pode constituir o propalado mistério que envolve o feminino, uma vez que o homem atribui à parceira um *gozo Outro* que não o seu, mostrando-se incapaz de defini-lo.

Pelo fato de falar, a mulher está inserida no gozo fálico. No entanto, ela o transborda. O antagonismo entre duas vias de satisfação (ativa e passiva) e dois modos de gozo ensina que homem e mulher não são complementares. O gozo da mulher é, pois, *suplementar* ao gozo do homem. Ao ser abrangida pelo *gozo Outro*, ela não está toda no gozo fálico.

As regiões ocas do sexo feminino fazem aflorar o não-saber que ameaça o narcisismo e a coesão masculinos. As mulheres se inserem ao mesmo tempo na lei e, em parte, fora da lei fálica. Disto advém o *gozo em excesso*, situado além do falo, além da significação. O estatuto de exceção da mulher revela que ela se destaca da totalidade dos que estão assujeitados à ordem fálica para transitar, também, em um Outro registro. Como ressonância, o ser de linguagem intui que é em torno

---

[118] No campo da psicanálise, o conceito de gozo refere-se às possíveis relações com a satisfação que um ser desejante e falante pode esperar e experimentar, no uso de um objeto desejado. Encontra-se intrincado à linguagem e mais precisamente ao desejo inconsciente.

[119] ANDRÉ, Serge. Op. cit., p. 190.

do indizível do feminino que se ancora a relação primordial com o universo do símbolo.

Inúmeras lendas e mitos tematizam o medo e o horror diante da figura da mulher. Sereias, bruxas, ninfas, ondinas e fadas encarnam o desamparo humano no confronto com o princípio feminino. Nas sociedades primitivas, o culto da germinação encontra-se associado ao culto dos mortos. Por se encontrar sob a proteção direta da lua, a mulher faz prosperar as colheitas e se identifica àquela que é "dispensadora, *à noite*, de fertilidade e de energia vital, mas, ao mesmo tempo, é senhora de poderes terríveis e destruidores"[120].

Na mansão dos Meneses, Nina – símbolo do feminino – também oscila entre o lugar da adoração e o papel de responsável por todos os infortúnios. No entanto:

> [...] era inútil esconder: tudo o que existia naquela casa, achava-se impregnado pela sua presença – os móveis, os acontecimentos, a sucessão das horas e dos minutos, o próprio ar. (p. 280)

A família que a condena e a expulsa de seus domínios, numa vã tentativa de soerguer valores que desmoronam, não consegue libertar-se da contrastante visão de mundo que ela representa:

> Coisa estranha, assim que nos sentimos libertos da sua presença, não houve entre nós nenhum sentimento de alívio. Como que nos achávamos irremediavelmente acorrentados ao *sortilégio* daquela mulher. (p. 191 – grifo meu)

Observa-se que as mulheres, "seres de natureza tão bizarra" (p. 156), são passíveis de minar as construções masculinas. Com uma subjetividade ambígua, caracterizam a falta a nível imaginário e simbólico[121], abrindo espaço para o surgimento do novo, da criação.

---

[120] BRANDÃO, Junito de Souza. *Dicionário mítico-etimológico da mitologia grega*. Petrópolis: Vozes, 1991, vol. 1, p. 122. (Grifo do autor)

[121] POMMIER, Gérard. *A exceção feminina*. Op. cit., p. 34.

No inusitado romance de Lúcio Cardoso, Nina parece ocupar o lugar reservado à mitológica Moira, personificação do destino humano. Tal representação mítica incorpora uma lei que os próprios deuses não ousam transgredir, sob pena de pôr em risco a ordem cósmica.

Os acontecimentos narrativos referentes ao surgimento de Nina podem ser observados nos avatares da vida dos sujeitos/personagens envolvidos na trama romanesca. Ela, como um herói moderno, demonstra preferir as incertezas do futuro à reedição de um passado, uma vez que cada ser tem seu quinhão de existência, felicidade e infortúnio.

Como as fiandeiras, Nina instala o primado do feminino no falocêntrico clã dos Meneses. Santas ou feiticeiras, meio mulher, meio bicho, as fiandeiras possuem atributos mágicos. Fiando incessantemente, constroem a possibilidade de se introduzirem num outro mundo, no mundo do desejo. O resultado do trabalho interior feminino é o fio, que "confere o poder de realizar associações de elementos os mais antitéticos. É o vínculo entre o abstrato e o concreto, e fiar é engendrar um a partir do outro num vaivém contínuo"[122].

Na narrativa cardosiana, a fala/presença da personagem central demarca a possibilidade de pensar, agir e criar. A "estranha mulher" reivindica o poder de começar e interromper o curso da vida.

Viabilizando a fabulação, ela induz cada sujeito/personagem a produzir o fio/palavra. Têm-se, então, o espanto humano diante da "falta" que engendra discursos. Nina recusa-se, pois, a representar o papel da mulher-sintoma:

> Sintoma de uma reprodução hipócrita das relações familiares, que destinava à mulher a incumbência de guardar seus segredos enquanto sacrificava seu desejo, o qual, a partir daí, só podia se expressar no sintoma[123].

---

[122] BRUNEL, Pierre. *Dicionário de mitos literários*. Rio de Janeiro: José Olympio, 1997, p. 375.

[123] ASSOUN, Paul-Laurent. Op. cit., p. 154.

Com o traço de transgressão que a marca indelevelmente, ela é culpabilizada pela atmosfera maléfica que ronda a chácara. André, o filho-amante, a compara a "um imenso girassol, secreto e envenenado" (p. 302), capaz de florescer e destruir o que está em volta:

> A atmosfera do mal. E a esta atmosfera, era impossível deixar de reconhecer, pertencia o ser que eu amava. Não por isto a que ela chamava de pecado, mas pelo próprio fato de existir, de respirar, de ser enfim ela mesma, com essa essência esponjosa e morna das anêmonas-do-mar. [...] Então era preciso reconhecer que aquela criatura frágil encarnava o mal, o mal humano, de modo simples e sem artifício. (p. 386)

O lugar que Nina ocupa no imaginário da austera família mineira a aproxima inevitavelmente de Timóteo, o filho mais moço e incontestável ovelha negra. Na concepção dos irmãos, o "rebento espúrio dos Meneses" é um ser doente e maldoso, condenado ao confinamento por manifestar sinais de inversão sexual.

Alimentando um ódio implacável em relação a todos que o cercam, incapaz de aceitar o homossexualismo sem desprezar-se, Timóteo reconhece na cunhada um cúmplice nos planos de vingança, uma espécie de "anjo exterminador" que detém o poder de destruir todos os Meneses. No livro de memórias do excêntrico personagem, encontra-se o seguinte depoimento:

> Desde o primeiro minuto senti que ela era um desses seres insubstituíveis, com uma força ativa e transcendente, que aconteceu como um pé-de-vento nos apanha na extensão da noite. (p. 528)

É importante assinalar o aspecto identificatório existente entre Nina e Timóteo. O primeiro ponto em comum é o fato de serem jovens numa casa de velhos. Timóteo rompe padrões de conduta sexual vigentes, enquanto Nina desafia leis expressas e adentra em limites interditados. Pode-se pensar que Timóteo, como caricatura do andrógino, representa o negativo de Nina. Dentro de uma configuração perversa, ele incorpora grotescamente as insígnias da feminilidade, revelando o elemento feminino do terror. Os vestidos de franjas e lantejoulas que exibe, as jóias herdadas da mãe apontam para a imagem renegada da ancestral Maria Sinhá:

> [...] Maria Sinhá, cuja revolta se traduzira por uma incapacidade absoluta de aceitar a vida nos seus limites comuns, e atroava os pacíficos povoados das redondezas com suas cavalgadas em trajes de homem, com seu chicote de cabo de ouro com que castigava os escravos, seus banhos de leite e de perfume, sua audácia e seu despudor. (p. 544)

Timóteo ("o que honra a Deus"), representação viva e excessiva da afronta[124], reatualiza a rebeldia de Maria Sinhá, a mulher que ousara romper com a ordem estabelecida, invertendo papéis masculinos/femininos. E elege Nina como *objeto fetiche*, que tem por atributo reconhecer e negar o advento da castração.

Na estrutura da *Crônica*, Nina funciona como o véu fálico que visa recobrir o insuportável da castração. Mas o traço que a constitui também aponta para a falta e a ausência inerente ao feminino. Devido a isto, Nina/mulher é equiparada à figura da morte, do umbigo, do não-reconhecível, da feminilidade como furo[125].

Não se deve esquecer que a lógica da castração relaciona-se a uma *falta no ser*, que não é falta de algo concreto. Homens e mulheres a vivenciam, pois, metaforizada a nível do simbólico. Ocorre que este processo assume papel dissimétrico num e noutro sexo. A mulher tem a castração considerada real, uma vez que demarcada no corpo, enquanto o homem transita em torno do imaginário da castração.

A anatomia feminina faz com que a mulher seja a herdeira natural do horror originalmente despertado pela visão da mãe castrada.

---

[124] ALBERGARIA, Consuelo. "Espaço e transgressão". In: CARELLI, Mário (Coord.). *Crônica da casa assassinada*, edição crítica. Op. cit., p. 687.

[125] ANDRÉ, Serge. Op. cit., p. 52.

Deste modo, é lícito afirmar que "a mulher dá (um) corpo à angústia de castração do homem"[126].

Como já foi anteriormente enfatizado, a psicanálise ensina que a distinção homem/mulher não é auto-evidente. Lacan, no artigo *A significação do falo*, ao discorrer sobre as relações entre os sexos, acredita que estas se estruturam em torno de uma dialética de *ser* e de *ter* o falo[127].

A mulher, despossuída desde sempre do falo imaginário, encontra na *mascarada* uma forma privilegiada de reivindicação fálica[128]. De acordo com o ensinamento lacaniano, a mascarada é o modo pelo qual uma mulher se presta ao desejo do homem. Uma vez que não tem o falo, ela passa a ostentá-lo através dos atributos da fantasia, aderindo ao *parecer/pare-ser* feminino:

> Por mais paradoxal que possa parecer essa formulação, dizemos que é para ser o falo, isto é, o significante do desejo do Outro, que a mulher vai rejeitar uma parte essencial da feminilidade, nomeadamente todos os seus atributos na mascarada. É pelo que ela não é que ela pretende ser desejada, ao mesmo tempo que amada[129].

O simbolismo da máscara arremete à capacidade que esta possui de esconder e revelar. A máscara teatral, exemplarmente, constitui-se uma modalidade de manifestação do *self* universal[130]. Nos rituais místicos, é mediadora de duas forças antagônicas que disputam o domínio daquele/a que a porta.

De acordo com estes dados, é possível inferir que a máscara feminina funciona como um anteparo que dissimula o vazio da femi-

---

[126] ASSOUN, Paul-Laurent. Op. cit., p. 136.

[127] LACAN, Jacques. *Escritos*. Op. cit., p. 701.

[128] CHEMAMA, Roland. "A castração feminina é secundária?" In: *A angústia*: reflexões. Org. de Letícia Patriota Fonseca. Recife: Centro de Estudos Freudianos, 1999, p. 64.

[129] LACAN, Jacques, Escritos. Op. cit., p. 701.

[130] CHEVALIER, J. & GHEERBRANT, A. Op. cit., p. 595.

nilidade, uma vez que encarnar a falta é uma identificação intolerável. O *ser o falo* que predispõe à mascarada leva, no entanto, a uma troca incessante de cenário. Assim, a mulher aprende a fingir, seduzir, trapacear, encenando no próprio corpo o teatro que o desejo masculino designa de feminilidade.

Na *Crônica da casa assassinada*, André entrevê no comportamento de Nina a pantomima exaustiva que a fantasia exige:

> Seu tom de voz era tão significativo, tão intencional, que não pude deixar de estremecer – mentira ou não, de que estranhos recursos de malícia e fingimento aquela mulher era dotada, como sabia de um simples detalhe, de um olhar, de uma palavra sem importância, compor a atmosfera precisa de um engano! (p. 217)

Quando se pensa que uma mulher ocupar a posição objetal equivale a levá-la a desaparecer como sujeito, fica fácil evidenciar a relação existente entre a máscara, a aparência e o vazio da nomeação que essas buscam encobrir. A mulher, ao suportar o jogo fantasístico masculino, sinaliza, pois, para a "abertura" inerente ao tecido de símbolos da linguagem.

Em determinado momento de seu ensino, Jacques Lacan faz uma equiparação entre a mulher e a verdade, ambas representadas como inalcançáveis, escorregadias, inatingíveis[131]. No que se refere ao desejo de certeza do crítico/leitor, a estrutura narrativa do romance em análise configura-se como uma possível armadilha. Lúcio Cardoso, através dos vários personagens-narradores, parece querer mostrar os muitos disfarces da verdade/feminilidade. Diante de tal pluralidade de sentidos, pode-se afirmar que:

> A personalidade de Nina é um enigma proposto aos demais personagens: de André ao farmacêutico, de Ana ao padre Justino, do médico a Betty, de Demétrio ao Coronel, todos se debruçam apai-

[131] LACAN, Jacques. *Seminário 20*: mais, ainda. Op. cit., p. 162.

> xonadamente na decifração dessa personalidade. Mas, todos vivem suficientemente para formar o contraste, para acrescentar um mistério ao mistério, uma vez que cada um dos personagens possui o seu[132].

O enigma que Nina encarna, irredutível véu de Maia, explicita a clivagem do sujeito do discurso. E a feminilidade, ao se rebelar contra os saberes instituídos, viabiliza inusitadas construções de linguagem.

A teorização lacaniana ensina que a *verdade* é o encontro sempre faltoso com um Real. Instala-se a necessidade de inquirir se é possível, com um saber faltoso (o saber da castração), fazer emergir a verdade de um ser que se julga representar a própria falta: o ser feminino[133]. A realidade do sexo da mulher funciona como uma lacuna na malha significante. Ela é não-toda como a verdade, pois "toda a verdade, é o que não se pode dizer. É o que só se diz com a condição de não levá-la até o fim, de só se fazer semi-dizê-la"[134].

A opacidade do símbolo lingüístico reafirma que psicanálise e literatura não são pragmáticas no sentido de garantirem controle ou mestria de seus efeitos simbólicos. A verdade, como um saber advindo da linguagem, também é feita de teorias e ficções. As "verdades" são, inescapavelmente, metáforas. Lúcio Cardoso corrobora esta assertiva ao indagar, pela voz de Timóteo: "mas que é a verdade arrancada de sua essência, nua e sem pudor? Que é a verdade intacta, que é a verdade simples e sem paixão?". (p. 555)

A linguagem, originariamente trópica e figurada[135], não diz a última palavra sobre a verdade do ser, uma vez que não tem como

---

[132] MARTINS, Wilson. "Um romance brasileiro". In: CARELLI, Mário (Coord.). *Crônica da casa assassinada*, edição crítica. Op. cit., p. 797.

[133] ANDRÉ, Serge. Op. cit., p. 13.

[134] LACAN, Jacques. *Seminário 20*: mais, ainda. Op. cit., p. 124.

[135] MACHADO, Roberto Cabral de Melo. *Nietzsche e a verdade*. Rio de Janeiro: Jorge Zahar, 1985, p. 109.

critérios a evidência e a certeza. Acredito que se possa pensar a equação mulher/verdade como algo por demais diáfano, cortina de seda que tremula, dependendo do jogo de luz do desejo de cada ser que a esse respeito se interroga. Possivelmente, o que se oculta por trás deste questionamento é a relação problemática com a própria linguagem. É sabido que desde os primórdios da civilização grega já se concebe que a verdade resulta de um *processo* conflituoso e não de uma revelação pacífica. No pensamento heraclitiano, por exemplo, a harmonia é decorrente de um conflito de opostos[136].

Se "a verdade é uma ciência solitária" (p. 59), que tem como suporte a palavra, palavra que dissimula, vacila, engana, o feminino, em contrapartida, é a fonte de um saber inesgotável, uma vez que, na falta de um significante que o designe, permanece sempre em aberto. A fala/palavra se constitui sobre a *falha* aberta na natureza do feminino.

A mulher – objeto perdido e aposta da simbolização[137]–, ao inventar a técnica da tecelagem para encobrir o que no corpo está ausente, revela a capacidade humana de (re)fazer-se, sistema ambivalente de morte e proteção, uma vez que viabiliza

> Esse estado que consiste em dizer ou em escrever aquilo que só a nós cabe dizer ou escrever, todo esse nada do qual é preciso fabricar nossa qualquer coisa na conivência do fio e do verbo. É assim que nos educamos para forçar, em nós, a imagem do outro, para situar o lugar onde desfraldar nossa própria palavra. Como em torno de um cilindro de tear, essa palavra se enrola, fio por fio, torcida, entremesclada[138].

Nina, ao encarnar o indizível da feminilidade, aponta para a incompletude da verdade sobre a mulher e a impossibilidade da repre-

---

[136] VIEIRA, Trajano. "A vida efêmera". *Folha de S. Paulo*, São Paulo, 25 abr. 1999, Mais!, p. 5.

[137] LEMOINE-LUCCIONI, Eugénie. Op. cit., p. 69.

[138] BRUNEL, Pierre. Op. cit., p. 381.

sentação feminina[139]. O inextrincável enigma que a envolve funciona como um elemento catalisador na petrificante realidade dos Meneses, uma vez que o processo de irrupção/criação da verdade é sempre heterogêneo aos saberes instituídos[140]. Diante dela, os personagens-narradores da *Crônica* intuem que na linguagem sempre existe um resto, que é o resto do Real. O sujeito, pontual e evanescente, é capaz de construir a sua verdade, mas para destruí-la e reedificá-la, continuamente, na cadeia discursiva.

---

[139] BRANDÃO, Ruth Silviano. Op. cit., p. 273.

[140] BADIOU, Alain. *Ética*: um ensaio sobre a consciência do mal. Rio de Janeiro: Relume-Dumará, 1995, p. 3.

Capítulo IV

O Vazio Criador

Não há nada de criado que não apareça na urgência, e nada na urgência que não gere sua superação na fala.

Jacques Lacan

As palavras pintam e cantam, mas no limiar dos caminhos que traçam dividem-se e se compõem. As palavras fazem silêncio.

Gilles Deleuze

Uma primeira leitura da *Crônica da casa assassinada* tende a considerar esta produção literária, basicamente, como um relato da morte e da destruição. O jogo de palavras que Lúcio Cardoso elabora, no entanto, revela a possibilidade de se analisar outros aspectos constitutivos da obra.

O/a leitor/a que se utiliza dos postulados psicanalíticos observa que, no texto cardosiano, a fala de Nina possui o poder de destruir e re-construir realidades. A posição feminina, que se define na linguagem, vincula-se, na estrutura narrativa, à capacidade de se produzir novas elaborações lingüísticas. Mesmo quando se sabe que o balbucio da personagem central versa sobre um tema por demais perigoso. A fala feminina e a literatura, ao bordejarem o interdito, esclarecem que *elas sabem o que dizem*, mas de uma outra forma, com um outro saber.

Neste romance, a palavra de uma mulher abre espaço para a atividade sublimatória – *vazio criador* –, que se manifesta através dos discursos advindos do desvelamento das máscaras e do questionamento das percepções dos personagens-narrradores (Ana Meneses, Timóteo e Valdo).

A sublimação é tematizada por Freud como um dos destinos da pulsão[141], ao lado da inversão, do retorno sobre a própria pessoa, da passagem da atividade à passividade e do recalcamento. A metáfora sublimatória incide sobre dois termos, provenientes de diferentes áreas do conhecimento humano. A referência à filosofia relaciona-se à noção de *sublime*, uma das categorias da estética filosófica. O sublime é o "grandioso, temível e nobre, e tem por objetivo despertar sentimentos majestosos e de orgulho, bem como de temor e, por vezes, de terror"[142]. A sublimação em química, por sua vez, se define como a passagem de um corpo, sem intermediário líquido, do estado sólido ao estado gasoso.

A ambivalência que o conceito de sublimação assume, desde sua origem, aponta para um destino não-defensivo da pulsão. Ao evidenciar a mudança de meta e de objeto no circuito pulsional, observa-se que:

> [...] no sublimado não sobra *nem* a meta *nem* o objeto *nem* mesmo a fonte da pulsão, de sorte que

---

141 A pulsão, na teoria psicanalítica, é a energia fundamental que põe em funcionamento o aparelho psíquico. Fala-se de pulsões em lugar de pulsão. Freud as define como um conceito limite entre o somático e o psíquico, enfatiza sua diversidade/pluralidade e assinala a freqüência de seu caráter parcial, sua falta de unificação e a incerteza de seus destinos. Postula, inicialmente, dois tipos de pulsões – pulsões sexuais e pulsões do eu – que redefinirá, ao longo de sua obra, como *pulsões de vida* e *pulsões de morte*. As características comuns a toda pulsão são a *fonte*, o *impulso*, o *objeto* e a *finalidade* ou *objetivo* ou *meta*. A fonte é corporal, provém da excitação de um órgão. O impulso é a manifestação da própria energia pulsional. O objetivo é a satisfação da pulsão, isto é, a possibilidade de o organismo obter uma descarga pulsional, reduzindo a tensão ao ponto mais baixo. O objeto, por sua vez, é qualquer coisa que permita a satisfação da pulsão. É importante indicar que são inúmeros os objetos pulsionais, objetos em parte sempre inadequados, e que o objetivo da pulsão só pode ser atingido provisoriamente, uma vez que a satisfação nunca será completa. As vicissitudes ou os destinos da pulsão constituem-se, pois, em diferentes formas de organizar o fracasso da sublimação.

142 BLACKBURN, Simon. *Dicionário Oxford de filosofia*. Rio de Janeiro: Jorge Zahar, 1997, p. 370-371.

> se presume reencontrarmos finalmente só a "energia sexual"; mas uma energia sexual... ela mesma "dessexualizada", desqualificada, posta a serviço de atividades não sexuais[143].

Freud acredita que a sublimação das pulsões constitui um importante aspecto do desenvolvimento cultural. É o que torna possível a produção de atividades psíquicas superiores, científicas, artísticas e ideológicas[144]. A "dessexualização" da energia pulsional coloca-se a serviço da *Kultur*, produzindo as manifestações mais elevadas da vida em comunidade, pois não se deve esquecer que, no pensamento freudiano, sublimação e valorização social encontram-se interligadas. A incapacidade da pulsão sexual de obter satisfação completa torna-se fonte de nobres realizações culturais, devido ao prazer que tais "efeitos de desvio" acarretam. Na economia da vida psíquica, a alimentação do não-sexual pelo sexual põe em relevo, provisoriamente, o triunfo das pulsões de vida sobre as pulsões de morte.

Jean Laplanche, ao tomar por base conceitos de Melanie Klein, considera que o ato sublimatório encontra-se atrelado a um sentido de reparação. Traduz-se na tentativa de o sujeito evitar que o *objeto bom* caia em pedaços, ou seja destruído pelos ataques pulsionais. Desta forma, a sublimação é antes de tudo reparação, criação ou manutenção do objeto como garantia de totalidade para o ego[145]. A teorização kleiniana tematiza a sublimação através da noção de simbolismo. A atividade sublimada denota uma identificação simbólica entre o objeto sexual e o objeto de auto-conservação. Convém lembrar o que Freud designa como "contingência do objeto", ou seja, o fato de que, em relação à pulsão, *o objeto é aquilo que apresenta variação ilimitada.* Assim, o simbolismo que envolve os efeitos da sublimação apresenta um emaranhado de linhas associativas.

---

143 LAPLANCHE, Jean. *Problemáticas III*: a sublimação. São Paulo: Martins Fontes, 1989, p. 101.

144 FREUD, Sigmund. *O mal-estar na civilização*. Op. cit., p. 118.

145 LAPLANCHE, Jean. Op. cit., p. 93.

É interessante lembrar que, como processo químico, a sublimação é a transformação, geralmente pelo fogo, do estado sólido para o estado gasoso. Freud, Jung e Bachelard discorrem sobre tal questão. No entanto, ao propor uma multiplicação de complexos, é Bachelard quem introduz o Complexo de Prometeu, por ele definido como o Complexo de Édipo da vida intelectual[146]. O mito de Prometeu é inseparável do tema da origem e do roubo do fogo. O titã, filho de Jápeto e Clímene, furta uma centelha do fogo celeste (privilégio de Zeus) ocultando-a na hasta de uma férula e reanima os mortais. Prometeu torna-se, por esta via, um benfeitor da humanidade, e o fogo transforma-se no símbolo do progresso técnico e científico. As inúmeras versões da aventura prometéica tratam da desobediência na ordem metafísica e religiosa, apresentando este personagem como encarnação da recusa do absurdo da condição humana. Prometeu, inventor das ciências e das artes, é o "artista criador, o espírito ávido de conhecimento, que aspira a dominar o mundo"[147].

As referências mitológicas apresentam os deuses da Antigüidade como seres passíveis de usufruir da mais completa satisfação, pois não teriam que se submeter à interdição do incesto. Na visão de Freud, Prometeu não prefigura o herói do gozo e da transgressão, mas, inversamente, o da renúncia pulsional. Como herói antilibidinal, ele vem impor a renúncia, inscrevendo a lei na instância da cultura[148].

No jogo entre pulsões de vida e pulsões de morte, o sujeito falante, qual Prometeu embusteiro, busca não uma renúncia, mas uma sobredeterminação no circuito pulsional, visando atingir a satisfação através do relançamento infindável do trajeto das pulsões. Os trilhamentos que as marcas mnésicas inscrevem no aparelho psíquico engendram o núcleo do princípio do prazer, abrindo espaço para a satisfação que se obtém com o próprio ato da repetição.

---

[146] BACHELARD, Gaston. *Psicanálise do fogo*. São Paulo: Martins Fontes, 1993, p. 19-26.

[147] BRUNEL, Pierre. Op. cit., p. 788.

[148] LAPLANCHE, Jean. Op. cit., p. 149.

Pensando-se as pulsões como a força que produz ruptura/descontinuidade no psiquismo, constata-se que a cada nova exigência pulsional instala-se a necessidade de criar e simbolizar diante do Real traumático[149]. A noção de trauma na psicanálise se articula com a ocorrência de uma inscrição. Algo (evento, cena, fantasia) é registrado pelo traço significante e passa a agir no interior do arcabouço mental, convertendo-se em fonte de excitação sexual. Para que se possa caracterizar o trauma é indispensável a interiorização/simbolização de um evento e a conseqüente sexualização, mesmo que o fato em si não apresente conotação sexual. O traumatismo, *re-significação a posteriori*, caracteriza-se como um fenômeno energético.

Ocorre uma efração, uma ultrapassagem de um certo *quantum* de energia, induzindo o organismo a buscar formas de elaborá-lo. O *falasser* é, então, confrontado com o surgimento do "novo", do que vem perturbar, despertar, "reabrir" e eventualmente seduzir[150].

A possibilidade de criar a partir do novo, a partir do trauma, viabiliza a abertura – parcial, talvez limitada – do destino do ser de linguagem. O sujeito é impelido a emergir na cadeia significante para fabricar/construir a unicidade da verdade sobre o seu desejo. Ao conjugar acaso e necessidade, Eros e Ananké, é capaz de produzir novos horizontes de sentido, sustando o aprisionamento a amarras discursivas. A energia livre que caracteriza a pulsão de morte desvincula-se da compulsão à repetição e se redireciona para uma constante recriação da energia psíquica, originando a deriva da sublimação, que traz em seu cerne a gênese da criatividade.

Freud, em inúmeros textos, declara que os dons e a aptidão para a atividade artística vinculam-se à capacidade de sublimar. A natureza plástica da pulsão sexual, plasticidade que se relaciona à ação da pulsão de morte, que provoca o desvio de sua meta e a subdivide em pulsões parciais, subjaz a toda produção artística. A arte é, pois, um dos "des-

---

[149] FRANÇA, Maria Inês. *Psicanálise, estética e ética do desejo.* São Paulo: Perspectiva, 1997, p. 148.

[150] LAPLANCHE, Jean. Op. cit, p. 104.

vios" que a pulsão sexual inibida pode assumir. O/a artista, imerso/a no conflito e na diferença, constrói o seu devir através da pluralidade da sublimação, marcando sua obra com singular assinatura. A pulsão de morte que o/a habita é convertida em vontade de criar sempre, a partir do nada, produzindo "objetos" impregnados de elaborações imaginárias e culturais.

Lacan enfatiza que em toda forma de sublimação – arte, ciência, religião – o "vazio" é determinante. A arte se define por um certo modo de organização em torno deste vazio[151]. A comunidade humana acolhe as produções dos/as criadores/as de formas imaginárias, revelando o efeito de sideração que os substitutos metonímicos do *objeto a* provocam. O vazio encontra-se, pois, no âmago do ato sublimatório. Criar é bordejar o Real inapreensível, numa tentativa de sublimar a falta constitutiva do desejo. A partir disto:

> Resta ao sujeito o movimento do desejo em um circuito sublimatório, cujos efeitos pertencem ao registro da estética e da ética como expressões eróticas, que são invenções de como lidar com o eterno retorno do que permanece de trágico na estrutura do desejo[152].

A obrigação ética de alcançar a sublimação induz o/a artista a assumir um posicionamento, quase sempre contraditório, com as regras do seu tempo. A arte, ao dar vazão ao sublimado, rompe com esquemas de pensamento instituídos, oferecendo em troca o deleite da fruição.

O/a criador/a submete-se ao princípio do prazer para deixar falar seu inconsciente e, empregando um *saber* que não possui, engendra a obra de arte. A descarga de afeto que o ato de criação proporciona aponta para a reelaboração de conteúdos fantasmáticos, donde se pode afirmar que a produção artística não é simples projeção de repre-

---

[151] LACAN, Jacques. *Seminário* 7: a ética da psicanálise. Op. cit., p. 162.

[152] FRANÇA, Maria Inês. Op. cit., p. 164.

sentações insuportáveis, mas é o que permite que tais conteúdos adquiram uma feição criativa.

Deleuze acredita que o que advém da arte não se constitui um instrumento de comunicação. Ao romper com as palavras de ordem que vigoram numa determinada sociedade, esta adquire o sentido de um ato de resistência[153]. Resistir é propor o inusitado, numa aposta na possibilidade de abertura, de renovação.

Lúcio Cardoso, no *Diário completo*, lança algumas hipóteses sobre o que induz o artista/criador a dar corpo à obra de arte:

> Do nada, só se tira mesmo é o nada, pois todo criador tira sua criação, qualquer que seja ela, do seu fermento interior, de suas contradições, de sua ânsia de entender e captar, impondo assim ao mundo um conjunto de valores que representam exatamente a estatura de sua força interior[154].

A face ambígua da linguagem e a conseqüente impotência da palavra para expressar um sentido unívoco evidenciam que o texto literário/obra poética encerra uma peculiar concepção de mundo. O/a romancista recria, quase sempre, a realidade imperfeita que o/a circunda. A forma de o/a literato/a utilizar a palavra projeta-a para um mais-além, provocando a constante necessidade de elucidar sentidos. A psicanálise engrena-se neste processo, ao se debruçar sobre o significante, a metáfora e os jogos de linguagem.

A reflexão freudiana sobre a atividade artística confere à criação poética o estatuto de um produto privilegiado da possibilidade de sublimar. Ao se referir aos "escritores criativos", Freud assevera que:

> [...] são aliados muito valiosos, cujo testemunho deve ser levado em alta conta, pois costumam conhecer toda uma vasta gama de coisas entre o céu e a terra com as quais a nossa filosofia não nos

[153] DELEUZE, Gilles. "O ato de criação". *Folha de S. Paulo*, São Paulo, 27 jun. 1999, Mais!, p. 5.

[154] CARDOSO, Lúcio. Op. cit., p. 276.

> deixou sonhar. Estão bem adiante de nós, gente comum, no conhecimento da mente, já que se nutrem em fontes que ainda não tornamos acessíveis à ciência[155].

É possível pensar que é para amenizar a insatisfação e fugir do aniquilamento psíquico o que leva o/a escritor/a a enfrentar a página em branco e desafiar o *logus* que vigia a escrita. Ao efetivar este ato, quer expresse uma tradição vigente ou busque rompê-la, engendra um exercício de liberdade. A literatura contribui, antes de tudo, para expandir as fronteiras daquilo que é possível, metaforizando o desejo como representação do futuro, em novas e múltiplas formas, ou redescoberta do passado. Escrever é, pois, escrever contra a morte, reafirmando a vida.

O aspecto polêmico da doutrina freudiana sobre a sublimação refere-se ao lugar diferenciado que atribui às mulheres neste processo. Freud considera que estas são mais débeis nos interesses sociais e possuidoras de menor capacidade de sublimar as pulsões[156]. No artigo "Algumas conseqüências psíquicas da distinção anatômica entre os sexos", ele afirma que "críticos" de todas as épocas observam certos traços do caráter feminino, tais como:

> [...] menor senso de justiça que os homens, que estão menos aptas a submeter-se às exigências da vida, que são amiúde influenciadas em seus julgamentos por sentimentos de afeição ou hostilidade [...][157].

---

155 FREUD, Sigmund. *Delírios e sonhos na Gradiva de Jensen.* In: Obras Completas de Sigmund Freud. Rio de Janeiro: Imago, ESB, 1976, vol. 9, p. 8.

156 FREUD, Sigmund. *Novas conferências introdutórias sobre psicanálise (Feminilidade).* In: Obras Completas de Sigmund Freud. Rio de Janeiro: Imago, ESB, vol. 22, p. 164.

157 FREUD, Sigmund. "Algumas conseqüências psíquicas da distinção anatômica entre os sexos". In: *Obras Completas de Sigmund Freud.* Rio de Janeiro: Imago, ESB, 1976, vol. 19, p. 320.

A mulher idealizada por Freud, "frígida e narcisista", parece abalar os fundamentos da civilização, cujas bases ela própria ajudou a lançar, ao abrir espaço para o processo de troca e simbolização – troca de mulheres/troca de palavras. O feminino, indissociável da *origem*, revela a fratura primeva entre desejo e interdição, entre a horda e a tentativa de disciplinar o caos pulsional. Se a mulher pode ser pensada como um sintoma do homem, por outro lado, ela representa uma certa peculiaridade no universo cultural. Esta característica é a possibilidade de engendrar filhos – da carne e do símbolo – e palavras, e assim incorporar o poder de Eros, força abstrata do desejo.

Defendendo uma ética dos prazeres, a feminilidade viabiliza a construção das subjetividades com a conseqüente inscrição de alternativas desejantes. Situada entre a ordem do desejo e a da lei (alternância entre sublimação e recalcamento), a presença do feminino na *Kultur* constitui uma versão particular do *Fort-Da*, movimento de báscula entre a perda e o retorno[158].

Gérard Pommier teoriza sobre a mulher correlacionando-a com o "aberto" das palavras, com o que se afasta da utilização/significação habitual destas, pois, "o Aberto aparece quando tomo uma palavra no côncavo de minha mão, como um artesão e aguardo"[159]. A abertura que a feminilidade proporciona facilita a introdução de novos significantes na cadeia discursiva, quebrando a rigidez dos laços de linguagem.

Pode-se constatar que é típico da mulher fazer tramas: costurar, tecer, bordar, tramar enredos de vida. No entanto, através da demanda implícita em toda fala, homens e mulheres buscam o mesmo acesso ao falo simbólico. Como afirma Lacan, "o que busco na fala é a resposta do outro. O que me constitui como sujeito é minha pergunta"[160]. Ao tentar fazer furo no "muro da linguagem", o humano sofre o efeito de uma reduplicação pela estrutura do significante.

---

[158] ASSOUN, Paul-Laurent. Op. cit., p. 171.

[159] POMMIER, Gérard. *A exceção feminina*. Op. cit., p. 100.

[160] LACAN, Jacques. *Escritos*. Op. cit., p. 301.

As mulheres, seres plenos de promessas[161], sabem como ninguém utilizar-se da força mágica das palavras, uma vez que, para o inconsciente, representar ou dizer algo já é fazer com que este algo exista. A ação criadora que a mulher sustenta atualiza a equiparação entre atos e palavras, pois o dizer não pode excluir por completo o agir, na medida em que *dizer é agir*[162].

No romance cardosiano, a irrupção da presença de Nina instaura o aparecimento de alternativas discursivas, suscitando o horror despertado por uma verdade singular. Funcionando sempre como contraponto da ordem estabelecida, ela questiona a petrificação dos valores dos Meneses. Ao perceber que esta família esgota as reservas econômicas sem vislumbrar alternativas de sobrevivência, declara:

> Digo isto porque sei hoje que a construção e mais do que isto, a manutenção desta Chácara, equivale a uma despesa inútil, e poderia ser poupada, se não achassem todos que abandonar Vila Velha e esta mansão dispendiosa, fosse um ato de descrédito para a família. [...] Tivessem feito o que eu tanto apregoei, liquidado a casa, vendido os trastes, diminuído a criadagem, loteado as terras e entrado em acordo com o resto dos credores, não estaríamos agora na situação de [...]. (p. 35)

A preocupação da personagem em restabelecer o equilíbrio financeiro da família, as opiniões que emite sobre a causa da decadência do clã mineiro, as soluções práticas que apresenta apontam para sua vinculação com o ato sublimatório. Nina é, pois, a mulher que faz uso do *falo da fala*[163], reafirmando a dimensão criadora da palavra, o que induz o sujeito de linguagem a assumir a responsabilidade por atos e discursos. Se é possível afirmar que só o silêncio pode aspirar à inocên-

---

161 LACAN, Jacques. *Seminário* 7: a ética da psicanálise. Op. cit., p. 301.

162 TODOROV, Tzvetan. Op. cit., p. 324. (Grifo meu)

163 KEHL, Maria Rita. *Deslocamentos do feminino*: a mulher freudiana na passagem para a modernidade. Rio de Janeiro: Imago, 1998, p. 31.

cia, fica fácil perceber os riscos que permeiam a utilização de um código lingüístico que não oferece segurança alguma. A estranha morada da linguagem, onde um significante convoca sempre um outro significante, numa cadeia infinita, revela o vazio que os vocábulos tentam circunscrever. Apesar disto, a fala de Nina insiste na tentativa de inserir o "novo", provocando uma expansão na rede discursiva. Ao tentar convencer Valdo da urgência de receber recursos financeiros no exílio forçado, ela afirma:

> Se não puder obter dinheiro, como imagino que irá alegar, venda alguns desses móveis inúteis que entulham a Chácara, venda essas velhas riquezas mortas, e produza o necessário para dar subsistência a quem vive ainda. (p. 43 – grifo meu)

Rita Kehl acredita que a mulher pós-freudiana é sujeito de seu discurso, uma vez que, para o ser falante, o falo não é o pênis, mas o Verbo[164], hiância capaz de originar diversidade e singularidade. Não se deve esquecer, no entanto, que a expressão da palavra feminina é com freqüência difícil, como se observa:

> [...] o tormento de sua chegada à palavra oral, o coração que dispara, às vezes a queda na perda da linguagem; o chão escapando; tanto falar é para a mulher – eu diria até mesmo abrir a boca em público – uma temeridade, uma transgressão. Duplo desespero, pois mesmo se ela transgride, sua palavra cai quase sempre no ouvido surdo masculino que não escuta na língua senão aquilo que se fala no masculino[165].

A inscrição da fala de Nina na *Crônica da casa assassinada* produz relevantes conseqüências. Ela é o elemento que desestabiliza e reordena uma realidade agônica, mas não escapa à sanção que a desobediência à

---

[164] KEHL, Maria Rita. Op. cit., p. 329.

[165] LEMOINE-LUCCIONI, Eugénie. Op. cit., p. 58.

lei implica. Falar é dotar de expressão o desejo e o próprio Freud já assinala o perigo de morte que a quebra do tabu acarreta. A punição da anti-heroína de Lúcio Cardoso será o câncer e a ruína do corpo em lenta decomposição. Nina sucumbe. Apesar disto, a personagem, circular em suas formas e em seus passeios pelos jardins da chácara, não propicia uma síntese final, redentora. Ao transitar entre o vazio e a criação, ela encarna a instância da ruptura, reafirmando a certeza de que "entre dois sujeitos não há senão a palavra ou a morte, a salvação ou a lápide"[166].

A posição feminina relaciona-se com o fluxo de sentidos e a pluralidade das narrativas. A mulher, como a psicanálise, não incorpora um sentido oculto, mas abre a via da criação de sentidos. As discordâncias simbólicas que a feminilidade evidencia fazem crer que é do lugar da linguagem que o sujeito ouve a verdade de seu desejo. Nina põe em movimento as cadeias lingüísticas, funcionando como o espelho que revela o não-dito que se oculta no discurso de cada ser falante. Deste modo, ela instrui que, muitas vezes, é necessário suspender as certezas para que a verdade e a vida possam ser (re)encontradas. E como toda palavra supõe uma escuta, resta ao sujeito de linguagem colocar-se na posição de ouvir o interminável recomeço da mediação simbólica do desejo.

As várias falas sobre Nina referendam a constatação de que só chega às novas formas quem é capaz de transpor o limite. O feminino, puro efeito de linguagem, abre trilhas para se buscar significações novas, criando um espaço de liberdade interior, com a construção/ redefinição de novos traçados de existência.

Não por acaso, Padre Justino certifica-se de que Nina "precisava de liberdade para viver, era como um pássaro". (p. 571) Convém lembrar que o vôo das aves simboliza as relações entre o céu e a terra e o vocábulo "pássaro", em grego, é sinônimo de presságio e de mensagem do céu[167]. Nina personifica uma inquietante mensagem para os

---

[166] SAFOUAN, Moustapha. *A palavra ou a morte*: como é possível uma sociedade humana?. Op. cit., p. 53.

[167] CHEVALIER, J. & GHEERBRANT, A. Op. cit., p. 687.

Meneses, pois, "desde que ela chegou, não temos mais um minuto de sossego". (p. 130) Ela confronta cada membro da austera família com a irrenunciável escolha: ser ou não o/a autor/a do texto da própria vida.

Ana Meneses, imersa no silêncio, pôde ter acesso à percepção do lugar que antes ocupara no mundo, pois apreende que a inscrição da existência psíquica se dá através do confronto com o outro:

> Esbatida, trabalhada em linhas de água e de puerícia, imaginava a vida como um conto entrevisto através de uma vidraça. Tudo sem sangue, os gestos mecânicos como os de um ritual que se processasse nos limites de um bocejo e de uma desencantada imagem dos atos e das intenções. (p. 120)

Para a esposa de Demétrio, o embate com Nina adquire o sentido de uma revelação. Ana é induzida a encarar o sentimento de rejeição, de não se sentir amada pelo marido, tampouco pela mãe que a privou do estatuto de sujeito desejante. Sente-se instigada a lidar com perigosos afetos antes desconhecidos, pois, envolto em sua figura opaca e desprovida de atrativos, esconde-se, na verdade, um ser de violentas paixões.

Através do enfrentamento com a Mulher que ama, odeia e transgride, buscando desenfreadamente a satisfação dos apetites, Ana reconhece que algo lhe é subtraído. Assume seu lado instintivo e sensual, abrindo espaço para o surgimento do desejo, que é fruto da ausência, da falta, da inevitável castração. E, apesar de todo o ódio que a presença da rival suscita, é levada a afirmar: "nunca em minha vida desvendara tanto de mim mesma, e era diante de outra mulher, precisamente daquela mulher, que eu o fazia". (p. 344)

Timóteo, por sua vez, intui que "jamais ser algum havia sido tão infenso às classificações, às dosagens da verdade humana" (p. 552). O confinamento involuntário o aproxima da mulher que tudo aceita e nada condena. É interessante observar que só Nina tem acesso ao filho renegado de D. Malvina, que funciona como o ponto-de-estofo[168] da

---

[168] O ponto-de-estofo é um conceito lacaniano que se reporta ao registro do desejo. É constituinte elementar do *grafo do desejo*, cuja elaboração Lacan desenvolve ao longo

história familiar. A cumplicidade que entre os dois se estabelece permite que seja feito um pedido: ela deseja, no leito de morte, ser agraciada com um ramo de violetas.

Os anos se passam. Timóteo toma conhecimento da lenta agonia de Nina e Betty encarrega-se de informá-lo do seu falecimento. Na ocasião, este afirma não sentir dor, nem desespero. Gostaria, no entanto, de prestar a última homenagem, como quem reverencia um soldado morto no campo de batalha. Percebe que só o cadáver de Nina poderia descerrar as portas do cárcere.

Durante o velório, com a chácara entulhada de curiosos, prepara minuciosamente sua aparição. A grotesca figura causa espanto, dor, repulsa, piedade, euforia. De onde viera tão estranha criatura? A que mundo pertenceria? Finalmente Timóteo alcança o seu intento, após tantas vezes proclamar: "Meneses, ó Meneses, lembrem-se de que tudo é pó, e tudo passa como o pó que é da terra". (p. 535)

A visão do espectro que Timóteo encarna provoca relevantes conseqüências nos atos/palavras de Valdo:

> Trazia os braços e o pescoço juncados de pulseiras e de colares – pulseiras e colares que eu não sabia de onde havia desenterrado, mas que evidentemente eram jóias de família, conservadas em arcas e baús, entre linhas e sedas estrangeiras, miradas e remiradas pelos parentes cobiçosos e que agora resplandeciam, puras, sobre aquele corpo que tantos julgavam marcado pela ignomínia. (p. 543)

Ele, que "em vão escutava as vozes que reabilitavam um sistema de vida irremediavelmente comprometido" (p. 514), rompe com Demétrio, manifestando o ódio contido através de luta corporal. E faz o resgate do lugar ocupado por Maria Sinhá no imaginário da família

---

de dois seminários: *As formações do inconsciente* e *O desejo e sua interpretação*. O ponto-de-estofo é, pois, a operação pela qual o significante detém o deslizamento, de outra forma indeterminado, da significação. Convém assinalar que é na dimensão da posterioridade que este processo ocorre. A ambigüidade que caracteriza a enunciação se deve, em grande parte, a esta delimitação da significação *a posteriori*.

Meneses. Valdo, após lutar para não sucumbir ao fascínio de Nina, reconhece que nunca chegara a "sondar-lhe o segredo da existência". (p. 558)

Após vê-la morta, busca alcançar uma reordenação de seus significantes primordiais:

> Pelo menos foi a partir daí que eu tomei a decisão formal de abandonar para sempre não só a casa que nos pertencia, como até mesmo aquelas paragens de ponta a ponta, a própria Minas Gerais não servia mais para abrigar a minha vergonha, e era rumando para o sul, em demanda de São Paulo ou Rio Grande, que eu pretendia recomeçar uma nova vida [...]. (p. 536)

Diante dos desdobramentos discursivos advindos da fala/presença de Nina, é possível afirmar que esta assemelha-se, junto aos Meneses, ao efeito provocado pelo confronto com a *Face de Gorgó*. Gorgó, na mitologia grega, é o nome de um demônio feminino de olhar terrível, capaz de petrificar. As três Górgonas – Medusa, Ésteno e Euríale – são monstros de cabeças aureoladas com serpentes venenosas, presas de javali e asas de ouro. Simbolizam o inimigo que se tem que combater, ou seja, as deformações monstruosas da psique: sociabilidade, sexualidade, espiritualidade. A visão de Gorgó petrifica, quem sabe, por refletir a auto-imagem de uma culpabilidade pessoal[169], uma vez que:

> A face de Gorgó é o nosso duplo, o Estranho em reciprocidade com nosso rosto como uma imagem no espelho (esse espelho em que os gregos só podiam ver-se de frente e sob a forma de uma simples cabeça), mas uma imagem que se apoderaria de nós, pois em vez de nos devolver apenas a aparência de nosso próprio rosto, de refratar nosso olhar, representaria, em sua careta, o horror

[169] BRANDÃO, Junito de Sousa. Op. cit., p. 471.

> terrificante de uma alteridade radical, com a qual por nossa vez nos identificaremos, transformando-nos em pedra[170].

Nina provoca o face-a-face com a *verdade* do desejo inconsciente, induzindo os membros da família Meneses a uma resignificação do texto de suas vidas, na busca de diferentes modos de subjetivação do recalque. Devido a isto, Nina e a verdade assumem o aspecto do terror, pois:

> Como a *verdade*, mesmo aquela com que se convive a vida inteira, mesmo a que é argamassada minuto a minuto no fundo do pensamento, e ensopada de lágrimas ocultas, e umedecida de sangue sacrificado e inútil, como nos parece diferente, como nos surge, brutal e cínica, quando revelada por lábios alheios. (p. 345 – grifo meu)

A passagem pelo feminino como *locus* discursivo propicia o acesso a simbolizações abertas, que se contrapõem às repetitivas simbolizações que servem ao sintoma, uma vez que, como a psicanálise ensina, qualquer coisa pode simbolizar qualquer coisa. Inexistindo correspondência biunívoca entre símbolo e simbolizado, instala-se a multiplicidade das cadeias associativas. A feminilidade que se constrói a partir da percepção da diferença – à mulher falta o pênis – abre a perspectiva de uma esperança/promessa. A "amputação" feminina instaura a possibilidade da troca simbólica. A pequena mulher, ao elaborar o complexo de castração, não deixa esquecer que:

> Queiramos ou não, a castração, por mais de um aspecto, pertence ao domínio não do que Lacan denomina Simbólico, mas do Imaginário, certamente àquele domínio dos contos infantis, das ameaças de bicho-papão[171].

---

170 VERNANT, Jean-Pierre. *A morte nos olhos – figuração do Outro na Grécia Antiga*: Ártemis, Gorgó. Rio de Janeiro: Vozes, 1991, p. 471.

171 LAPLANCHE, J. *Problemáticas II*: castração – simbolizações. São Paulo: Martins Fontes, 1988, p. 250.

É o que resta do imaginário da castração (condição da representabilidade psíquica) que vem permear a ameaça que acompanha a "abertura" do ato de simbolizar. Freud, no texto *A cabeça da Medusa*, discorre sobre o perigo que espreita aquele/a que ousa encarar o vazio que define o sexo da mulher. Assumir-se como ser faltante, no entanto, é o que induz o sujeito a mergulhar no universo do símbolo, universo de trocas por excelência. O interdito do incesto, marca indelével do mundo humano, aponta para a possibilidade da troca. A lei primordial da cultura, regra de doação por excelência[172], traz a mulher para o centro, fomentando os intercâmbios sociais e a circulação de bens fora da família, clã ou tribo. Utilizando-se das palavras, instrumentos de pura perda, a posição feminina sinaliza para a realidade do *falasser* como um contínuo efeito de elaboração simbólica.

Joel Birman acredita que as incontáveis veredas da feminilidade ajudam a vencer o desamparo da existência[173]. Com o abandono da crença em enunciados universais, poderá o sujeito inventar para si novos caminhos, abrindo espaço para modalidades outras de erotismo e sublimação.

Vale salientar que o desamparo que aqui se qualifica relaciona-se com aquilo que se entrecruza com o ato sublimatório e induz o ser de cultura a operar na direção da atividade criadora. Ele, que nada sabe do seu desejo, encontra-se desamparado diante do Outro. Tal posicionamento, no entanto, pode apresentar uma feição criativa. Se o Outro é o que não vai produzir amparo, uma vez que é furo/hiância, este abre para a alteridade. Aprisionado no circuito pulsional – eterno construir e destruir de si próprio – o humano é levado a criar no desamparo, que se define como condição de produção simbólica.

O sujeito emerge na cadeia discursiva para produzir o evento, o único, reinventando novos jogos de linguagem. Desta forma, a constatação da inexistência de utopias totalizantes permite que construções subjetivas sejam engendradas a partir da situação de desamparo:

---

[172] Idem, ibidem, p. 218.

[173] BIRMAN, Joel. *Por uma estilística da existência.* São Paulo: Ed. 34, 1996.

> Com efeito, a condição originária e inultrapassável do sujeito é a de estar desamparado em face do seu corpo e do seu mundo, não podendo contar pois com defesas seguras diante do perigo e da dor. Adviria daí o trauma e a angústia, reveladores desse desamparo originário[174].

Pode-se pensar que a feminilidade é o correlato de uma postura heterogênea que demarca a diferença de um falante em relação a qualquer outro[175]. Como forma de ultrapassagem da lógica fálica, o feminino amplia continuamente as fronteiras do simbólico, permitindo que se instaurem narrativas singulares, com a criação de um *estilo* próprio para cada sujeito. É interessante lembrar que a palavra estilo, de raiz grega *stylos*, faz referência a um pequeno instrumento com que os povos da Antigüidade escreviam em tábuas e pergaminhos. Buscar uma *estilística da existência* equivale a transformar ("reescrever") o fado/destino, ao invés de submeter-se a ele. A ruptura com uma rede de compromissos, de pactos discursivos, assumidos em grande parte sem o conhecimento do sujeito, propicia a manifestação do que a psicanálise designa como *fala plena*, fala capaz de produzir efeitos pelo simples fato de ser proferida[176].

A personagem central da *Crônica*, como símbolo do inapreensível que define o feminino, escapa ao aprisionamento a uma representação fechada:

> Dona Nina escapava sempre a qualquer conjectura, do mesmo modo como em sua presença jamais se encontrava o que fosse firme e francamente delineado. Seria um bem, seria um mal? O certo é que ela sempre despertava interesse, e não raras vezes paixão. (p. 365)

---

[174] BIRMAN, Joel. *Cartografias do feminino*. São Paulo: Ed. 34, 1999, p. 52.

[175] Idem, ibidem, p. 10.

[176] FORRESTER, John. *As seduções da psicanálise*: Freud, Lacan e Derrida. São Paulo: Papirus, 1990, p. 96.

Nina, no universo da *Crônica*, promove a abertura das cadeias significantes e com isso instaura a possibilidade da fala/vida. Evidenciando a inexistência de um discurso unitário – vários personagens-narradores teorizam sobre ela – reafirma o postulado psicanalítico de que o sujeito possui e é possuído pela linguagem. Ela personifica o acontecimento que se insere numa rede de acontecimentos e induz outras personagens a se descobrirem.

A incerteza e o vazio que a caracterizam arremetem para o *vazio* que mantém a possibilidade de criação de sentido. Nina, paradigma do feminino, abre um leque de multiplicidades de sentidos, de encadeamentos discursivos. E, como a linguagem é pluridimensional, Nina/texto se amplia e se diversifica indefinidamente, num brotar de novos significantes dentro de contextos, de intertextos. Ela se enquadra na categoria de personagens que estão suspensos no nada, que sobrevivem no vazio, que conservam seu mistério até o fim, desafiando a lógica e a psicologia[177].

Nina, o feminino e a linguagem irmanam-se pela insígnia do *non-sense*, insígnia esta produtora de sentidos, pois a cadeia lingüística não obedece unicamente a uma lógica formal, dedutiva. A instância inconsciente vem subverter esta ordem, revelando que o sentido não está dado, mas deve ser construído nos desdobramentos do discurso[178].

No texto cardosiano, Nina inscreve-se num devir-mulher[179] e como *palavra-valise*[180] manifesta a fluidez das palavras que revelam o plano ambíguo: consciente/inconsciente. Assim, cabe o questionamento:

> As palavras, meu Deus, não significam coisa alguma, não têm poder para selar nenhum juramento? Quem somos nós que assim passamos como espuma, e nada deixamos do que construímos, senão um punhado de cinza e de sombra? (p. 39)

---

177 DELEUZE, Gilles. *Crítica e clínica*. São Paulo: Ed. 34, 1997, p. 94.

178 DELEUZE, Gilles. *Lógica do sentido*. São Paulo: Perspectiva, 1998, p. 83.

179 DELEUZE, Gilles. *Crítica e clínica*. Op. cit., p. 150.

180 DELEUZE, Gilles. *Lógica do sentido*. Op. cit., p. 70.

A psicanálise e a literatura apontam para um sujeito acorrentado à malha simbólica. Mas também ensinam que, através da mobilidade pulsional e do desejo, o ser de linguagem pode aceder ao erotismo e à criação, ao corpo e ao símbolo[181].

A especificidade do feminino na cultura, com o registro de traços peculiares sobre a sexualidade – prematuridade, incompletude, insuficiência, fendas corpóreas, polimorfismo, inexistência de objeto fixo da pulsão[182] –, instaura a perspectiva da vivência erótica. Funcionando como o contraponto da falicidade, a feminilidade faz crer que o encontro humano só é possível por intermédio da aceitação da *falta*, que induz o sujeito a se reinventar permanentemente.

Nina, imprevisível em seus efeitos e desdobramentos, deixa atrás de si um rastro de brilho: "tudo na sua pessoa parecia animado e brilhante. Quando caminhava, fazia girar no espaço uma aura de interesse e de simpatia". (p. 125) Transitando entre Eros e a falta, reafirma que:

> Se a falta é a causa da tecelagem, a própria tecelagem é uma resposta à falta. Não é no exato momento da *retomada* do fio, vez após outra, que a mulher se coloca em condições de superar o desfiamento de que é ameaçada? Não é essa misteriosa ligação entre a falta e Eros que Penélope encarna, retomando a obra do zero, como que para reexperimentar seu vazio – à espera de um homem, mas retomando seu trabalho, a cada dia de sua vida de mulher, para tornar a tecer e tornar a trançar a *ligação*?[183].

A personagem central do romance de Lúcio Cardoso encarna a feminilidade vinculada à perspectiva da criação. Nina indica que é morrendo muitas vezes que o sujeito pode se fazer vivendo. Com o recurso à palavra, que faz borda no ato, oferece uma alternativa para o *pathos* de solidão e silêncio.

---

181 BIRMAN, Joel. *Cartografias do feminino*. Op. cit., p. 130.

182 Idem, ibidem, p. 53.

183 ASSOUN, Paul-Laurent. Op. cit., p. 171. (Grifo do autor)

Ensina ao empedernido mundo dos Meneses que engendrar outro/a de si mesmo, criar-se em meio à dor e à incerteza é tarefa humana por excelência. A partir de sua chegada, vislumbra-se a possibilidade de se transformar *destino* em *estilo*. E não se pode esquecer que destino pressupõe uma *vítima*, e estilo denota um *autor/a*.

CONCLUSÃO

Incluo-me entre os que acreditam que escrever é também uma aventura para quem redige. A *ars poetica*, acolhendo a imprecisão do código lingüístico, sinaliza para a busca de liberdade e autonomia.

Penso que nunca é demasiado se atentar para o risco da escritura. O uso da linguagem, ao entrelaçar vocábulos e silêncio, língua e desejo, põe em cena o perigo que permeia o ato de produção textual, processo sempre inacabado, devir incerto.

O texto literário, reflexo de uma inscrição interna, descortina um panorama situado além dos limites do que já se conhece e domina. O/a leitor/a, por sua vez, encontra-se implicado/a na continuação da obra, vivenciando a interpretação como um *estar a caminho*, devido à inexistência de consenso simbólico. Deste modo, pode-se afirmar que um texto se reconstrói no ato mesmo da leitura.

É representação recorrente que a criação literária nasce em oposição ao nada, à aterrorizante ausência de sentido. Na tentativa de não perecer, o/a escritor/a manipula o inconsciente daqueles/as que se debruçam sobre os estados de alma dos seus personagens, na esteira de inscrições, vestígios e marcas de um percurso único. E o encontro do sujeito com a escritura, sempre relançado, ancora-se na mobilidade pulsional, evidenciando o caráter singular de toda produção humana.

Na elaboração da *Crônica*, Lúcio Cardoso se utiliza de várias possibilidades de construção formal. Sua escrita exibe a multiplicidade de hipóteses que a palavra propicia. Ao exercer o domínio da linguagem, que subverte e reinventa, despersonaliza-se em duplos, dá voltas infinitas na construção narrativa, num instigante voltar atrás com as palavras. O escritor mineiro leva a constatar que é necessário *dessupor* o saber, saudável renúncia a um discurso que ambiciona aprisionar a verdade.

Os efeitos da linguagem cardosiana – hipérboles, metáforas, metonímias – empregados na composição da personagem Nina revelam o perceptível ruído que habita o silêncio que a caracteriza. A *Crônica da casa assassinada* é, pois, um texto fragmentário que remete para a dispersão da linguagem, no que se refere à definição do feminino.

Literatura e psicanálise, protagonistas de uma tensa relação, ensinam que não se pode dizer tudo. Ao ser humano, portador de escrituras, contrapõe-se a imagem poética semanticamente aberta. A irredutível incompletude do *falasser*, no entanto, o induz à procura de diversos lugares discursivos.

Nina, personagem-tema do romance, evidencia que a feminilidade escapa às palavras. Os inúmeros e contraditórios discursos que suscita revelam a divisão da posição feminina. A mulher, franqueada ao gozo místico, faz ouvir os sussurros da linguagem, instaurando uma incessante abertura para novas significações.

A heroína de Lúcio Cardoso é fetiche, bibelô, ser que enfeitiça como a trama dos significantes. No seu percurso junto aos Meneses, desvela máscaras, avessa percepções, traz à cena uma realidade decadente. No entanto, ao se deparar com o vazio da palavra, realiza o *dom* da castração por meio do jogo metafórico. Após sua chegada a Vila Velha, instala-se a perspectiva de se reescrever o texto da vida, na busca de um estilo próprio para cada existência.

Assim, Nina representa nascimento e morte, criação e finitude. Envolta no deslizamento metonímico, ela é bruxa e fada, mãe e criança, algoz e vítima, formando um fascinante caleidoscópio com imagens que se interligam e se desconectam.

Ao traçar o perfil desse enigmático ser ficcional, o romancista esboça o afastamento do visível, reafirmando que a feminilidade é a *construção incerta* preconizada por Freud. Como simbólica do feminino, Nina compõe-se de sinais ambíguos, trilhamentos, inscrições distribuídas em redes associativas, sempre em busca de mais e mais sentido.

Resta ao leitor/a deixar-se enredar pelo fascínio da escritura, na tentativa – invariavelmente malograda – de apreender a frágil tessitura da feminilidade. Constata-se que, entre *cartas roubadas/assassinadas*, ciência e arte, psicanálise e literatura apontam para um diálogo promissor.

Cumpre assinalar que as conclusões apresentadas não esgotam o tema em análise. Ao discorrer na interface literatura/psicanálise, pretendi demonstrar que a posição feminina se inscreve na linguagem, mas não se entrega inteira à simbolização. Deste modo, é impossível o fechamento da leitura, pois o objeto de estudo foge, desliza, não se deixa aprisionar pela rigidez conceitual.

Entre o fascínio pela escrita de Lúcio Cardoso e o interesse pela temática do feminino, ousei interpretar, reconhecer, reconstruir o itinerário de conceitos, e neste processo expus-me a todos os riscos.

REFERÊNCIAS BIBLIOGRÁFICAS

OBRAS DE LÚCIO CARDOSO

Maleita (romance). Rio de Janeiro: Ediouro, 1967.

Salgueiro (romance). 2ª ed. Rio de Janeiro: José Olympio, 1935.

A luz no subsolo (romance). 2ª ed. Rio de Janeiro: Expressão e Cultura, 1971.

Mãos vazias (novela). Rio de Janeiro: José Olympio, 1938.

Histórias da lagoa grande. Porto Alegre: Globo, 1939.

O desconhecido (novela). Rio de Janeiro: José Olympio, 1940.

Poesias. Rio de Janeiro: José Olympio, 1941.

Dias perdidos (romance). Rio de Janeiro: José Olympio, 1943.

Novas poesias. Rio de Janeiro: José Olympio, 1944.

Inácio (novela). Rio de Janeiro: Ed. Ocidente, 1944.

A professora Hilda (novela). Rio de Janeiro: José Olympio, 1946.

Anfiteatro (novela). Rio de Janeiro: Livraria Agir, 1946.

O enfeitiçado (novela). Rio de Janeiro: José Olympio, 1954.

Crônica da casa assassinada (romance). Rio de Janeiro: José Olympio, 1959.

Chronique de la maison assassiné. Tradução francesa e apresentação por Mario Carelli. Paris: Editions Métailié – Mazarine, 1985.

Diário I. Rio de Janeiro: Elos, [s.d.].

Os mistérios dos MMM. Em colaboração com João Condé. Rio de Janeiro: O Cruzeiro, 1962.

Diário Completo. Rio de Janeiro: José Olympio/INL, 1970.

Três histórias da província (novelas). Rio de Janeiro: Bloch, 1969.

Três histórias da cidade (novelas). Rio de Janeiro: Bloch, 1969.

O viajante (romance inacabado). Rio de Janeiro: José Olympio, 1973.

Poemas inéditos. Rio de Janeiro: Nova Fronteira, 1982.

"A voz do profeta". In: *Três poetas brasileiros apaixonados por Fernando Pessoa*. Textos de Cecília Meireles, Murilo Mendes e Lúcio Cardoso; reunidos e apresentados por Edson Nery da Fonseca. Recife: Fundação Joaquim Nabuco/Ed. Massangana, 1985.

ESTUDOS SOBRE LÚCIO CARDOSO

CARELLI, Mario. *Corcel de fogo. Vida e obra de Lúcio Cardoso* (1912-1968). Tradução de Júlio Castañon Guimarães. Rio de Janeiro: Editora Guanabara, 1988.

CARELLI, Mario (Coord.). *Crônica da casa assassinada*. Edição crítica. 2ª ed. Madri; Paris; México; Buenos Aires; São Paulo; Rio de Janeiro; Lima, UNESCO, 1996 (Coleção Archivos).

BRANDÃO, Ruth Silviano. *Mulher ao pé da letra*: a personagem feminina na literatura. Belo Horizonte: Secretaria Municipal de Cultura / Editora da UFMG, 1993.

__________. "Se não há a letra do feminino...". In: *Literatura e psicanálise*. Porto Alegre: Ed. Universidade / UFRGS, 1996.

__________. (Org.) *Lúcio Cardoso*: a travessia da escrita. Belo Horizonte: Ed. UFMG, 1998.

BRANDÃO, Ruth Silviano & BRANCO, Lúcia Castello. "O corpo dilacerado da memória". In: *Literaterras*: as bordas do corpo literário. São Paulo: ANNABLUME, 1995.

ROSA E SILVA, Enaura Quixabeira. *A alegoria da ruína*: uma análise da Crônica da casa assassinada. Maceió: HD Livros, 1995.

OBRAS TEÓRICAS

ALMEIDA, Maria Inês de (Org). *Para que serve a escrita?*. São Paulo: EDUC, 1997.

ANDRÉ, Serge. *A impostura perversa*. Rio de Janeiro: Jorge Zahar, 1995.

__________. *O que quer uma mulher?*. Tradução de Dulce Duque Estrada. Rio de Janeiro: Jorge Zahar, 1996.

ARRIVÉ, Michel. *Lingüística e psicanálise*: Freud, Saussure, Hjelmslev, Lacan e os Outros. Tradução de Mário Laranjeira e Alain Mouzat. São Paulo: Editora da Universidade de São Paulo, 1994.

ASSOUN, Paul-Laurent. *Freud e a mulher*. Tradução de Vera Ribeiro. Rio de Janeiro: Jorge Zahar, 1993.

BACHELARD, Gaston. *A psicanálise do fogo*. Tradução de Antônio de Pádua Danesi. São Paulo: Martins Fontes, 1993.

BADIOU, Alain. *Ética*: um ensaio sobre a consciência do mal. Tradução de Antônio Transito e Ari Roitman. Rio de Janeiro: Relume-Dumará, 1995.

BARTHES, Roland. *O prazer do texto*. Tradução de Margarida Barahona. São Paulo: Perspectiva, 1977.

__________. *Fragmentos de um discurso amoroso*. Tradução de Hortênsia dos Santos. 12ª ed. Rio de Janeiro: Francisco Alves, 1994.

__________. *Aula*. Tradução de Leyla Perrone-Moisés. 7ª ed. São Paulo: Cultrix, 1997.

BEAUVOIR, Simone de. *O segundo sexo*. Tradução de Sérgio Milliet. 2ª ed. Rio de Janeiro: Nova Fronteira, 1980.

BELLEMIN-NOËL, Jean. *Psicanálise e literatura*. Tradução de Álvaro Lorencini e Sandra Nitrini. São Paulo: Cultrix, 1985.

BERLINK, Manoel Tosta (Org.). *Histeria*. São Paulo: Editora Escuta, 1997.

BERTIN, Célia. *A mulher em Viena nos tempos do Freud*. Tradução de Marina Appenzeller. São Paulo: Papirus, 1990.

BIRMAN, Joel. *Por uma estilística da existência*: sobre a psicanálise, a modernidade e a arte. São Paulo: Ed. 34, 1996.

__________. *Cartografias do feminino*. São Paulo: Ed. 34, 1999.

BLACKBURN, Simon. *Dicionário Oxford de filosofia*. Tradução de Desidério Murcho et al. Rio de Janeiro: Jorge Zahar, 1997.

BOSI, Alfredo. *Céu, inferno*: ensaios de crítica literária e ideológica. São Paulo: Ática, 1988.

BRANCO, Lúcia Castello & BRANDÃO, Ruth Silviano. *A mulher escrita*. Rio de Janeiro: Casa-Maria Editorial: LTC, 1989.

BRANDÃO, Junito. *Dicionário mítico-etimológico da mitologia grega.* 2ª ed. Rio de Janeiro: Vozes, 1991.

BRASIL, Hórus Vital. *Dois ensaios entre psicanálise e literatura.* Rio de Janeiro: Imago, 1992.

BRUNEL, Pierre (Org.). *Dicionário de mitos literários.* Tradução de Carlos Sussekind et al. Rio de Janeiro: José Olympio,1997.

CALVINO, Italo. *Seis propostas para o próximo milênio*: lições americanas. Tradução de Ivo Cardoso. São Paulo: Companhia das Letras, 1990.

CARDOSO, Sérgio et al. *Os sentidos da paixão.* São Paulo: Companhia das Letras, 1995.

CARVALHO, Alfredo Leme Coelho de. *Foco narrativo e fluxo de consciência*: questões de teoria literária. São Paulo: Pioneira, 1981.

CASTELLO BRANCO, Lúcia. *A traição de Penélope.* São Paulo: ANNABLUME, 1994.

CHASSEGUET-SMIRGEL, Janine. *Sexualidade feminina.* Tradução de Patrícia Chitonni Ramos. Porto Alegre: Artes Médicas, 1988.

CHEMAMA, Roland (Org.). *Dicionário de psicanálise.* Tradução de Franke Settineri. Porto Alegre: Artes Médicas, 1993.

CHEVALIER, Jean & GHEERBRANT, Alain. *Dicionário de símbolos*: mitos, sonhos, costumes, gestos, formas, figuras, cores, números. Tradução de Vera da Costa e Silva et al. 11ª ed. Rio de Janeiro: José Olympio, 1997.

CHNAIDERMAN, Miriam. *O hiato convexo*: literatura e psicanálise. São Paulo: Brasiliense, 1989.

CORRÊA, Ivan. *A escrita do sintoma.* Recife: CEF, 1997.

__________. "Amor-te: um par ordenado?" ANAIS DO I CONGRESSO INTERNACIONAL DE PSICANÁLISE DA BAHIA. Org. de Urânia Tourinho Perez e Maria Tereza Ávila Dantas Coelho. Salvador: 1998.

DELEUZE, Gilles & GUATTARI, Félix. *Por uma literatura menor.* Rio de Janeiro: Imago, 1977.

DELEUZE, Gilles. *Crítica e clínica.* Tradução de Peter Pál Pelbart. São Paulo: Ed. 34, 1997.

__________. *Lógica do sentido.* Tradução de Luiz Roberto Salinas Fortes. 4ª ed. São Paulo: Perspectiva, 1998.

__________. "O ato de criação". *Folha de S. Paulo*. São Paulo, 27 jun. 1999, Mais!.

DERRIDA, Jacques. *A farmácia de Platão*. Tradução de Rogério da Costa. São Paulo: Iluminuras, 1991.

__________. *A escritura e a diferença*. Tradução de Maria Beatriz Marques Nizza da Silva. 2ª ed. São Paulo: Perspectiva, 1995.

__________. *Paixões*. Tradução de Lóris Z. Machado. São Paulo: Papirus, 1995.

DEVEREUX, Georges. *Mulher e mito*. Tradução de Beatriz Sidou. São Paulo: Papirus, 1990.

DIDIER-WEILL, Alain. *Nota azul*: Freud, Lacan e a arte. Tradução de Cristina Lacerda e Marcelo Jacques de Moraes. Rio de Janeiro: Contra Capa, 1997.

DOLTO, Françoise. *Sexualidade feminina*: libido, erotismo, frigidez. Tradução de Roberto Cortes de Lacerda. 3ª ed. São Paulo: Martins Fortes, 1996.

DORGEUILL, Claude et al. *Dicionário de psicanálise*: Freud e Lacan 1. Salvador: Ágalma, 1994.

DOR, Joël. *Introdução à leitura de Lacan*: o inconsciente estruturado como linguagem. Tradução de Carlos Eduardo Reis. 3ª ed. Porto Alegre: Artes Médicas, 1992.

ECO, Humberto. *A estrutura ausente*. 3ª ed. São Paulo: Perspectiva, 1976.

FLEIG, Mário (Org.). *Psicanálise e sintoma social*. São Leopoldo: Ed. UNISINOS, 1993.

FONSECA, Letícia Patriota da (Org.). *A angústia*: reflexões. Recife: Centro de Estudos Freudianos, 1999.

FORBES, Jorge (Org.). *Psicanálise*: problemas ao feminino. São Paulo: Papirus, 1996 (Coleção Biblioteca Freudiana).

FORRESTER, John. *As seduções da psicanálise*: Freud, Lacan e Derrida. Tradução de Marcos S. Nobre. São Paulo: Papirus, 1990.

FOUCAULT, Michel. *Nietzsche, Freud e Marx*: theatrum philosoficum. Tradução de Jorge Lima Barreto. Porto: Anagrama, [s.d.].

__________. *O que é um autor?*. Tradução de Antônio Fernando Cascais e Edmundo Cordeiro. [s.l.]: Vega, 1992.

FREUD, Sigmund. "Carta 57". In: *Obras completas de Sigmund Freud*. Tradução de José Luís Meurer. Rio de Janeiro: Imago, ESB, 1976, vol. 1.

__________. "Carta 52". Tradução de José Luís Meurer. Rio de Janeiro: Imago, ESB, 1976, vol. 1.

__________. *A interpretação dos sonhos*. Tradução de Walfredo Ismael de Oliveira. Rio de Janeiro: Imago, ESB, 1976, vols. 4 e 5.

__________. *Três ensaios sobre a teoria da sexualidade*. Dir. de tradução de Jayme Salomão. Rio de Janeiro: Imago, ESB, 1976, vol. 7.

__________. *Delírios e sonhos na Gradiva de Jensen*. Tradução de Maria Aparecida M. Rego. Rio de Janeiro: Imago, ESB, 1976, vol. 9.

__________. "Escritores criativos e devaneio". Tradução de Maria Aparecida M. Rego. Rio de Janeiro: Imago, ESB, 1976, vol. 9.

__________. "Fantasias histéricas e sua relação com a bissexualidade". Tradução de Maria Aparecida M. Rego. Rio de Janeiro: Imago, ESB, 1976, vol. 9.

__________. "Romances familiares". Tradução de Maria Aparecida M. Rego. Rio de Janeiro: Imago, ESB, 1976, vol. 9.

__________. "A significação antitética das palavras primitivas". Dir. de tradução de Jayme Salomão. Rio de Janeiro: Imago, ESB, 1976, vol. 11.

__________. *Leonardo da Vinci e uma lembrança da sua infância*. Dir. de tradução de Jayme Salomão. Rio de Janeiro: Imago, ESB, 1976, vol. 11.

__________. "O tabu da virgindade". Dir. de tradução de Jayme Salomão. Rio de Janeiro: Imago, ESB, 1976, vol. 11.

__________. "Sobre a tendência universal à depreciação na esfera do amor". Dir. de tradução de Jayme Salomão. Rio de Janeiro: Imago, ESB, 1976, vol. 11.

__________. "Um tipo especial de escolha de objeto feita pelos homens". Dir. de tradução de Jayme Salomão. Rio de Janeiro: Imago, ESB, 1976, vol. 11.

__________. "A significação das seqüências das vogais". Tradução de José Octávio de Aguiar Abreu. Rio de Janeiro: Imago, ESB, 1976, vol. 12.

__________. "O tema dos três escrínios". Tradução de José Octávio de Aguiar Abreu. Rio de Janeiro: Imago, ESB, 1976, vol. 12.

__________. *O inconsciente*. Tradução de Themira de Oliveira Brito et al. Rio de Janeiro: Imago, ESB, 1976, vol. 14.

__________. *Recalcamento*. Tradução de Themira de Oliveira Brito et al. Rio de Janeiro: Imago, ESB, 1976, vol. 14.

__________. *Sobre o narcisismo*: uma introdução. Tradução de Themira de Oliveira Brito et al. Rio de Janeiro: Imago, ESB, 1976, vol. 14.

__________. "Uma ligação entre um símbolo e um sintoma". Tradução de Themira de Oliveira Brito et al. Rio de Janeiro: Imago, ESB, 1976, vol. 14.

__________. *Luto e melancolia*. Tradução de Themira de Oliveira Brito et al. Rio de Janeiro: Imago, ESB, 1976, vol. 14.

__________. *Conferências introdutórias sobre psicanálise*. Tradução de José Luís Meurer. Rio de Janeiro: Imago, ESB, 1976, vol. 15.

__________. *O estranho*. Tradução de Eudoro Augusto Macieira de Sousa. Rio de Janeiro: Imago, ESB, 1976, vol. 17.

__________. "Uma dificuldade no caminho da psicanálise". Tradução de Eudoro Augusto Macieira de Sousa. Rio de Janeiro: Imago, ESB, vol. 17.

__________. "A cabeça da Medusa". Tradução de Christiano Monteiro Oiticica. Rio de Janeiro: Imago, ESB, 1976, vol. 18.

__________. *Além do princípio do prazer*. Tradução de Christiano Monteiro Oiticica. Rio de Janeiro: Imago, ESB, 1976, vol. 18.

__________. "A dissolução do complexo de Édipo". Tradução de José Octávio de Aguiar Abreu. Rio de Janeiro: Imago, ESB, 1976, vol. 19.

__________. "Algumas conseqüências psíquicas da distinção anatômica entre os sexos". Tradução de José Octávio de Aguiar Abreu. Rio de Janeiro: Imago, ESB, 1976, vol. 19.

__________. *Uma neurose demoníaca no século XVII*. Tradução de José Octávio de Aguiar Abreu. Rio de Janeiro: Imago, ESB, 1976, vol. 19.

__________. "Uma nota sobre o bloco mágico". Tradução de José Octávio de Aguiar Abreu. Rio de Janeiro: Imago, ESB, 1976, vol. 19.

__________. *Inibição, sintoma e angústia.* Tradução de Christiano Monteiro Oiticica. Rio de Janeiro: Imago, ESB, 1976, vol. 20.

__________. "Dostoiésvski e o parricídio". Tradução de José Octávio de Aguiar Abreu. Rio de Janeiro: Imago, ESB, 1976, vol. 21.

__________. "Fetichismo". Tradução de José Octávio de Aguiar Abreu. Rio de Janeiro: Imago, ESB, 1976, vol. 21.

__________. *O mal-estar na civilização.* Tradução de José Octávio de Aguiar Abreu. Rio de Janeiro: Imago, ESB, 1976, vol. 21.

__________. "Sexualidade Feminina". Tradução de José Octávio de Aguiar Abreu. Rio de Janeiro: Imago, ESB, 1976, vol. 21.

__________. *Novas conferências introdutórias sobre psicanálise* (Feminilidade). Tradução de José Luís Meurer. Rio de Janeiro: Imago, ESB, 1976, vol. 22.

__________. *Análise terminável e interminável.* Tradução de José Octávio Aguiar de Abreu. Rio de Janeiro: Imago, ESB, 1976, vol. 23.

__________. "Construções em análise". Tradução de José Octávio de Aguiar Abreu. Rio de Janeiro: Imago, ESB, 1976, vol. 23.

FRANÇA, Maria Inês. *Psicanálise, estética e ética do desejo.* São Paulo: Perspectiva, 1997.

FRYE, Northrop. *Anatomia da crítica.* Tradução de Péricles Eugênio da Silva Ramos. São Paulo: Cultrix, [s.d.].

GOLDENBERG, Ricardo David. *Ensaio sobre a moral de Freud.* Salvador: Ágalma, 1994.

HARVEY, Paul. *Dicionário Oxford de literatura clássica grega e latina.* Tradução de Mário da Gama Kury. Rio de Janeiro: Jorge Zahar, 1998.

JORGE, Marco Antônio Coutinho. *Sexo e discurso em Freud e Lacan.* 2ª ed. Rio de Janeiro: Jorge Zahar, 1997.

JULIEN, Phillippe. *A feminilidade velada*: aliança conjugal e modernidade. Tradução de Celso Pereira de Almeida. Rio de Janeiro: Companhia de Freud, 1997.

JURANVILLE, Alain. *Lacan e a filosofia.* Tradução de Vera Ribeiro: Jorge Zahar, 1995.

KEHL, Maria Rita. *A mínima diferença*: masculino e feminino na cultura. Rio de Janeiro: Imago, 1996.

__________. *Deslocamentos do feminino*: a mulher freudiana na passagem para a modernidade. Rio de Janeiro: Imago, 1998.

KOFMAN, Sarah. *A infância da arte*: uma interpretação da estética freudiana. Tradução de Maria Ignez Duque Estrada. Rio de Janeiro: Relume-Dumará, 1996.

KON, Noemi Moritz. *Freud e seu duplo*: reflexões entre psicanálise e arte. São Paulo: EDUSP, 1996.

LACAN, Jacques. *Mais, ainda*. 2ª ed. Rio de Janeiro: Jorge Zahar, 1985.

__________. *A ética da psicanálise*. Tradução de Antônio Quinet. 2ª ed. Rio de Janeiro: Jorge Zahar, 1991.

__________. *As psicoses*. Tradução de Aluísio Meneses. 2ª ed. Rio de Janeiro: Jorge Zahar, 1991.

__________. *Os complexos familiares*. Tradução de Antônio Coutinho Jorge e Potiguara Mendes da Silveira Júnior. Rio de Janeiro: Jorge Zahar, 1993.

__________. *Os escritos técnicos de Freud*. Tradução de Betty Milan. Rio de Janeiro: Jorge Zahar, 1994.

__________. *O eu na teoria de Freud e na técnica da psicanálise*. Tradução de Marie Christine Lasnik Penot e Antônio Luiz Quinet de Andrade. 4ª ed. Rio de Janeiro: Jorge Zahar, 1995.

__________. *Escritos*. Tradução de Vera Ribeiro. Rio de Janeiro: Jorge Zahar, 1998.

LAPLANCHE, J. & PONTALIS, J.-B. *Vocabulário da psicanálise*. Tradução de Pedro Tamen. 8ª ed. São Paulo: Martins Fontes, 1985.

LAPLANCHE, J. *Problemáticas II*: castração – simbolizações. Tradução de Álvaro Cabral. São Paulo: Martins Fontes, 1988.

__________. *Problemáticas III*: a sublimação. Tradução de Álvaro Cabral. São Paulo: Martins Fontes, 1989.

LEMOINE-LUCCIONI, Eugénie. *A mulher... não toda*. Tradução de André Praga. Rio de Janeiro: Revinter, 1995.

MACHADO, Roberto Cabral de Melo. *Nietzsche e a verdade*. São Paulo: Paz e Terra, 1999.

MEIRA, Ana Marta Goelzer et al. *Psicanálise e literatura*. Porto Alegre: Associação Psicanalítica de Porto Alegre, 1998.

MILLOT, Catherine. *A histeria no século*. Tradução de Leila Longo. Rio de Janeiro: Jorge Zahar, 1989.

MOISÉS, Massaud. *Dicionário de termos literários*. São Paulo: Cultrix, 1974.

MOI, Toril. *Teoría literaria feminista*. Madrid: Ediciones Cátedra, 1995.

MANNONI, Maud. *Elas não sabem o que dizem*: Virgínia Woolf, as mulheres e a psicanálise. Tradução de Lucy Magalhães. Rio de Janeiro: Jorge Zahar, 1999.

NASIO, Juan David. *A histeria:* teoria clínica e psicanalítica. Tradução de Vera Ribeiro. Rio de Janeiro: Jorge Zahar, 1991.

__________. *Cinco lições sobre a teoria de Jacques Lacan*. Tradução de Vera Ribeiro. Rio de Janeiro: Jorge Zahar, 1993.

__________. *Lições sobre os 7 conceitos cruciais da psicanálise*. Tradução de Vera Ribeiro. Rio de Janeiro: Jorge Zahar, 1993.

__________. *O livro da dor e do amor*. Tradução de Lucy Magalhães. Rio de Janeiro: Jorge Zahar, 1997.

NOVAES, Adauto et al. *O olhar*. São Paulo: Companhia das Letras, 1998.

PAZ, Octavio. *O arco e a lira*. Rio de Janeiro: Nova Fronteira, 1982.

__________. *Signos em rotação*. Tradução de Sebastião Uchoa Leite. São Paulo: Perspectiva, 1996.

POMMIER, Gérard. *A ordem sexual*: perversão, desejo e gozo. Tradução de Vera Ribeiro. Rio de Janeiro: Jorge Zahar, 1992.

__________. *A exceção feminina*: os impasses do gozo. Tradução de Dulce M. P. Duque Estrada. Rio de Janeiro: Jorge Zahar, 1997.

PERESTRELLO, Marialzira. *Encontros*: psicanálise & Marialzira Perestrello. Rio de Janeiro: Imago, 1992.

PERRONE-MOISÉS, Leyla. *Falência da crítica*. São Paulo: Perspectiva, 1973.

__________. *Flores da escrivaninha*: ensaios. São Paulo: Companhia das Letras, 1990.

REUTER, Yves. *Introdução à análise do romance*. Tradução de Ângela Bergamini et al. São Paulo: Martins Fontes, 1995.

REZENDE, Antônio Muniz de. *A questão da verdade na investigação psicanalítica*. São Paulo: Papirus, 1999.

ROUANET, Sérgio Paulo. *Mal-estar na modernidade*. São Paulo: Companhia das Letras, 1993.

SÁBATO, Ernesto. *O escritor e seus fantasmas*. Tradução de Janer Cristaldo. Rio de Janeiro: Francisco Alves, 1982.

SAFOUAN, Moustapha. *Estudos sobre o Édipo*: introdução a uma teoria do sujeito. Tradução de Anamaria Skinner Styzei. Rio de Janeiro: Jorge Zahar, 1979.

__________. *O inconsciente e seu escriba*. Tradução de Regina Steffen. São Paulo: Papirus, 1987.

__________. *A palavra ou a morte*: como é possível uma sociedade humana?. São Paulo: Papirus, 1993.

SCHÜLER, Donaldo. *Teoria do romance*. São Paulo: Ática, 1989.

STERN. J. P. *As idéias de Nietzsche*. Tradução de Otávio Mendes Cajado. São Paulo: Cultrix, 1978.

TEIXEIRA, Marcus do Rio. *A feminilidade na psicanálise e outros ensaios*. Salvador: Ágalma, 1991.

TODOROV, Tzvetan. *Teorias do símbolo*. Tradução de Maria de Santa Cruz. Lisboa: Edições 70, [s.d.].

VIEIRA, Trajano. "A vida efêmera". *Folha de S. Paulo*. São Paulo, 25 abr. 1999, Mais!.

VERNANT, Jean-Pierre. *A morte nos olhos – figuração do Outro na Grécia Antiga*: Ártemis e Gorgó. 2ª ed. Rio de Janeiro: Jorge Zahar, 1991.

Companhia de Freud
editora

OBRAS PUBLICADAS

Psicanálise e Tempo
Erik Porge

Psicanálise e Análise do Discurso
Nina Leite

Letra a Letra
Jean Allouch

Mal-Estar na Procriação
Marie-Magdeleine Chatel

Marguerite ou "A Aimée" de Lacan
Jean Allouch

Revista Internacional nº 1
A Clínica Lacaniana

A Criança na Clínica Psicanalítica
Angela Vorcaro

A Feminilidade Velada
Philippe Julien

O Discurso Melancólico
Marie-Claude Lambotte

A Etificação da Psicanálise
Jean Allouch

Roubo de Idéias?
Erik Porge

Os Nomes do Pai em Jacques Lacan
Erik Porge

Revista Internacional nº 2
A Histeria

Anorexia mental, ascese, mística
Éric Bidaud

Hitler - A Tirania e a Psicanálise
Jean-Gérard Bursztein

Littoral
A Criança e o Psicanalista

O Amor ao Avesso
Gérard Pommier

Paixões do Ser
Sandra Dias

A Ficção do Si Mesmo
Ana Maria Medeiros da Costa

As Construções do Universal
Monique David-Ménard

Littoral
Luto de Criança

Trata-se uma Criança - Tomos I e II
Congresso Internacional de Psicanálise e suas Conexões - Vários

O Adolescente e o Psicanalista
Jean-Jacques Rassial

— Alô, Lacan?
— É claro que não.
Jean Allouch

A Crise de Adolescência
Octave Mannoni e outros

O Adolescente na Psicanálise
Raymond Cahn

A Morte e o Imaginário na Adolescência
Silvia Tubert

Invocações
Alain Didier-Weill

Um Percurso em Psicanálise com Lacan
Taciana de Melo Mafra

A Fantasia da Eleição Divina
Sergio Becker

Lacan e o Espelho Sofiânico de Boehme
Dany-Robert Dufour

O Adolescente e a Modernidade -Tomos I, II e III
Congresso Internacional de Psicanálise e suas Conexões – Vários

A Hora do Chá na Casa dos Pendlebury
Alain Didier-Weill

W. R. Bion - Novas Leituras
Arnaldo Chuster

Crianças na Psicanálise
Angela Vorcaro

O Sorriso da Gioconda
Catherine Mathelin

As Psicoses
Philippe Julien

O Olhar e a Voz
Paul-Laurent Assoun

Um Jeito de Poeta
Luís Mauro Caetano da Rosa

Estética da Melancolia
Marie-Claude Lambotte

O Desejo do Psicanalista
Diana F. Rabinovich

Os Mistérios da Trindade
Dany-Robert Dufour

A Equação do Sonhos
Gisèle Chaboudez

Abandonarás teu Pai e tua Mãe
Philippe Julian

A Estrutura na Obra Lacaniana
Taciana de Melo Mafra

Crianças na Psicanálise
Angela Vorcaro

Elissa Rhaís
Paul Tabet

Ciúmes
Denise Lachaud